Franz Preitler · Patrick Weißenbacher

SAGENHAFTES MARIAZELLERLAND

FRANZ PREITLER
PATRICK WEIẞENBACHER

Sagenhaftes Mariazellerland

Geheimnisvolle Geschichten zwischen Ötscher und Hochschwab

leykam:

IMPRESSUM

Lektorat: Elisabeth Stadler, www.zwiebelfisch.at
Umschlaggestaltung und Satz: Malanda-Buchdesign, Andrea Malek, 8010 Graz
Druck & Bindung: Steiermärkische Landesdruckerei, 8020 Graz
Gesamtherstellung: Leykam Buchverlag
ISBN 978-3-7011-8132-2
www.leykamverlag.at

Inhalt

Vorwort

Das Mariazeller Land, die nördlichste Region der Steiermark, ist schon durch seine wunderschöne Landschaft ein ganz besonderes Gebiet der Steiermark. Vor allem aber die Basilika mit der „Magna Mater Austriae“ und der damit verbundenen Vielfalt kulturellen Lebens durch die vielen Wallfahrergruppen, die jedes Jahr über unzählige Pilgerwege zur Großen Gnadenmutter Österreichs ziehen, prägen das Leben der Bewohner unserer Bergregion.

Durch die Schenkung Heinrichs III. gingen weite Gebiete des Eppensteinischen Besitzes, darunter auch das heutige Mariazellerland, im Jahre 1103 an das Stift St. Lambrecht. Im Jahre 1157 kam der Benediktinermönch Magnus hierher und errichtete über seine mitgebrachte Marienstatue eine kleine Zelle aus Holz – daher der Name „Maria in der Zelle“. Danach forcierte das Stift St. Lambrecht die Salzgewinnung im Halltal sowie den Eisenabbau und die damit verbundene Verarbeitung in Gußwerk. Gleichzeitig entwickelte sich mit Unterstützung durch Markgraf Heinrich von Mähren und König Ludwig von Ungarn immer mehr die Wallfahrt und es begann ein wirtschaftlicher Aufschwung in der gesamten Region, der heutigen Gemeinde Mariazell. Im Laufe der Jahrhunderte entstand sodann durch die von verschiedenen Königs- und Kaiserhäusern durchgeführten Erweiterungen unsere Basilika in ihrer heutigen Form und unsere Gnadenmutter wurde nicht nur zur Schutzpatronin Österreichs, sondern auch zur „Magna Domina Hungarorum“ und zur „Mater Gentium Slavorum“.

Mit der Errichtung und Elektrifizierung der Mariazellerbahn, dem Bau der Seilschwebebahn auf die Bürgeralpe und dem Beginn des alpinen Schilaufs in den 20er-Jahren des abgelaufenen Jahrhunderts machte eine wirtschaftliche Weiterentwicklung auch vor dem Mariazeller Land nicht Halt und es entstand eine der ersten Wintersportregionen Österreichs.

Bis heute lebt das gesamte Mariazellerland fast ausschließlich von der Wallfahrt, dem Tourismus, Sommer- und Wintersport sowie seiner faszinierenden und Großteils völlig unberührten Natur. Durch das Aufeinandertreffen der verschiedenen Bevölkerungsschichten und vor allem von Jung und Alt entstanden auch im Mariazellerland Geschichten und Sagen, die von Generation zu Generation überliefert wurden. Hier sei neben den vielen Autoren, die über und um Mariazell geschrieben haben Ludwig (Wigg) Ploderer erwähnt, welcher sich ganz besonders um das alte Schriftgut und die Erzählungen der vorigen Generationen annahm. Auch das Mariazeller Heimathaus bemüht sich im Geschichtsspeicher das Wissen der Generationen unserer Väter und Großväter zu sammeln und zu archivieren. Daher freut es mich als Museumsobmann ganz besonders, wenn diese „Schätze" gesichtet werden und der nächsten Generation, wie in diesem Fall in Form eines Buches, weitergegeben werden.

In der Hoffnung, dass das nun vorliegende Buch diese Eindrücke weitervermitteln kann, wünsche ich Ihnen als Leser viel Freude und spannende Momente bei der Lesereise durch die vergangenen Zeiten des Mariazellerlandes. Es wäre schön, wenn auch dieses Buch in jedem Haushalt zwischen Hochschwab und Ötscher zu finden ist und dadurch die Geschichte einer ganzen Region weiterlebt.

Mein ganz besonderer Dank gilt den beiden Autoren Franz Preitler und Patrick Weißenbacher, die verantwortlich zeichnen für das Entstehen dieser ausgewählten Sammlung an Geschichten und Sagen.

ANDREAS SCHWEIGHOFER
Obmann des Mariazeller Heimathauses

Zum Buch

Der große Wert, den Sagen und Mythen haben, ist mittlerweile fast unbestritten. Um eigene Kultur und Traditionen an Nachkommen weitergeben zu können, entstand aus mündlichen Erzählungen ein reichhaltiger Schatz an Volksliteratur, der in allen Regionen der Steiermark anzutreffen ist. Die Überlieferung im Land zwischen Ötscher und Hochschwab, im Grenzgebiet zwischen Niederösterreich und der Steiermark, steckt voller Sagen und Legenden. Diese handeln nicht nur von geheimnisvollen Höhlen, wildem Wasser und Naturerscheinungen der Bergwelt, sondern auch von Hexen, verborgenen Goldschätzen, teuflischen Wesen und überirdischen Erscheinungen. Das imposante Gebiet der Ötschergräben hat sich mit dem Erlauffluss und dem Ötscherbach in zackige Dolomiten eingeschnitten und wirkt wie ein mystisches Felslabyrinth. Hier lebte einst auch der berühmte Ötscherbär. Im Jahre 1842 wurde der letzte Braunbär in der Nähe von Mariazell erlegt. 1972 wanderte aus Slowenien ein Braunbär in die Ötschergegend, 1989 wurde ein Wiederansiedlungsprojekt gestartet. Die letzten Bären verließen vor ungefähr zehn Jahren die Region. Der Bär ist ein Symbol von Kraft, Bodenständigkeit und Gelassenheit. Diese Begriffe werden sehr gerne auf das Mariazellerland übertragen. Ebenso, wie im Einklang mit der Natur zu stehen, ohne sie übermäßig zu belasten oder zu zerstören.

Der Bär ist ein Symbol von Kraft, Bodenständigkeit und Gelassenheit.

Der im Mürztal geborene Autor Franz Preitler hat sich gemeinsam mit dem Mariazeller Patrick Weißenbacher auf Spurensuche rund um das Mariazellerland begeben, um geheimnisvolle Geschichten zusammenzustellen und mit stimmungsvollen Fotoaufnahmen, historischen Ansichtskarten sowie Grafiken der Künstlerin Irene Pfleger zu illustrieren. Das Buch lädt ein, in die vielfältige sowie eindrucksvolle Geschichte des mit Abstand wichtigsten Wallfahrtsortes Österreichs und seiner sagenhaften Umgebung einzutauchen. Speziell ist die Ausarbeitung dieses Werkes und es kann als thematisches oder regionales Lesebuch verwendet werden. Die Dokumentation setzt sich mit ausgewählten alten Traditionen und dem Brauchtum des Mariazellerlandes auseinander, hat jedoch keinen Anspruch auf Vollständigkeit. Auf die Begegnung mit Menschen, Kultur, Natur und der Wallfahrt wird im vorliegenden Werk großer

Wert gelegt. Für Interessierte empfiehlt es sich, den Geschichtsspeicher in Mariazell, das „Mariazeller Heimathaus“, zu besuchen.

Erzherzog-Johann-Denkmal Seewiesen

Ursprünglich wurden derartige Themen von volkskundlich Interessierten wie dem traditionsverbundenen Erzherzog Johann oder dem steirischen Heimatdichter Peter Rosegger erzählt. Erzherzog Johann bezeichnete sich als „Erster Tourist“ und unternahm 1803 die erste touristische Überquerung des Hochschwabgebirges. Er berichtete darüber: „Zu Anfang des 19. Jahrhunderts waren unsere Gebirge vollkommen unbekannt. Es gab keine Touristen, ich war der erste, welcher von dem österreichischen Schneeberg aus die steiermärkischen Alpen sehend, mich dahin wandte. Aus den Gebirgen entspringen die Wasser, diese beherrschen die Ebenen, dort ist noch der Menschheit Kern, von da muss Rettung ausgehen … die Ruhe in der Natur hat den höchsten Reiz und ich gestehe es, ich möchte jeden Sommer in Einsamkeit vierzehn Tage verleben, um den moralischen Unflat abzulegen, den man in der großen Welt leider erhält …“ (Zitiert nach Inge Friedl und Karl Friedl: Der erste Tourist, S. 128.) Peter Rosegger horchte auf seinen Reisen ins Volk hinein und hielt das Erlauschte in mehr oder weniger persönlich gefärbter Weise fest. Der wohl bekannteste Heimatdichter der Steiermark besuchte den Wallfahrtsort sehr gerne und oftmals: „Maria Zell schien mir damals nicht allein als der Mittelpunkt aller Herrlichkeit der Erde, sondern auch als der Mittelpunkt des Gnadenreiches unserer lieben Frau.“ (Peter Rosegger 1843–1918; Wanderungen in der Heimat)

Zum Thema
Sagen und Legenden

Wie jene Bücher über die Flüsse Mürz und Mur sowie den Semmering und Peter Roseggers Waldheimat befasst sich auch dieses Buch mit Legenden und Sagen aus der Volksüberlieferung und der Geschichte rund um eine bestimmte Region der Steiermark, nämlich das Mariazellerland. Zu den menschlichen Grundbedürfnissen gehört das Erzählen von Geschichten. In Erzählungen spiegeln sich nicht nur die Situationen von Menschen, sondern auch die der Region oder des Landes, wo sie leben oder sich für gewisse Zeiträume aufhalten. Geschichten, die Ekel und Angst verbreiten oder Warnungen aussprechen, werden auch als urbane Legenden bezeichnet und seit langer Zeit mündlich verbreitet. Erzählungen über Geheimnisvolles oder Übernatürliches werden als Mythen bezeichnet und bringen ein Zusammenspiel zwischen menschlicher und göttlicher Atmosphäre, was rund um das Mariazellerland sehr oft zum Ausdruck kommt. Sagen unterscheiden sich von den Mythen dadurch, dass sie sich eher in der näheren Vergangenheit abgespielt haben.

Legende oder Sage? Diese Sorten von Texten sind sich im Grunde genommen sehr ähnlich und weisen sogar gemeinsame Merkmale auf. Bei beiden besteht der Bezug zu historischen Ereignissen. Jedoch hat die Legende eher einen religiösen Hintergrund. Sagen wiederum finden ihren Ursprung oftmals im Märchen. Die Gebrüder Grimm können zu den Ersten gezählt werden, die sich mit dieser Unterscheidung beschäftigten: „Das Märchen ist poetischer, die Sage historischer“ (Grimm 1816; zit. nach Ranke 2003/4, Bd. 11: 1018).

Die Legende hat eher einen religiösen Hintergrund.

Die Sage

Ansichtskarte, 1914

Das Merkmal der Sage ist, dass es sich dabei um mündlich überlieferte Erzählungen handelt, die erst viel später zu Papier gebracht wurden. Die Hauptpersonen in den Geschichten erleben meist Abenteuer und stoßen dabei auf Hindernisse, tragen Kämpfe aus oder treffen auf eigenartige Wesen wie Drachen, Feen, Riesen oder Wassermänner. Gerne wird zwischen Heimatsagen, Heldensagen und Wandersagen unterschieden. Sie spielen bevorzugt an historischen Plätzen, wobei der Mensch stets im Mittelpunkt steht, der sich oftmals aus eigener Kraft zu behaupten hat. Sie basieren in vielen Fällen auf einem wahren Kern, enthalten Orts- und Zeitangaben und berichten von verborgenen, geheimnisvollen Schätzen in Höhlen, Bergen und Flüssen. Lokalsagen sind sehr beliebt, weil sie oft das Auftreten von übernatürlichen und jenseitigen Personen schildern, um auf ein unangemessenes Verhalten der Menschen hinzuweisen und sie diesbezüglich zu ermahnen versuchen. Historisch gestaltete Sagen haben die Absicht, bestimmte Ereignisse aus der Vergangenheit zu schildern, um sie vor dem Vergessen zu bewahren. Oft sind dabei Teufel und Hexen im Spiel, wie rund um den Ötscher. Als Teufelskirche wird eine große Grotte am östlichen Abhang des Ötschers bezeichnet. Eine Sage berichtet davon, dass es im Ötscher

Oft sind dabei Teufel und Hexen im Spiel, wie rund um den Ötscher.

eine Höhle gibt, die Geldloch oder Goldloch genannt wird. An ihrem Ende im Inneren des Berges befinde sich ein unterirdischer See, in dem schwarze, blinde Forellen – in Wahrheit verlorene Seelen – schwimmen, die in diese Gestalt verbannt wurden. Diesen See bezeichnet man als „Pilatussee", da Pilatus dort bis zum jüngsten Tag für seine Untaten auszuharren hat. Derartige Sagen sind oft mit dem Aberglauben verknüpft.

„Die Geschichten werden vorwiegend von Mund zu Mund weitergegeben mit dem Anspruch, dass das Erzählte wahr sei, weil es Zeugen dafür gibt, dass sich das Erzählte so und nicht anders ereignet hat. Und noch immer ist es das Unberechenbare, Angsteinflößende und Lebensbedrohende, was die Faszination der Gattung Sage ausmacht." (Zitat nach Brednich)

Die Legende

Das Merkmal der Legende ist, dass es sich dabei meist um vorbildliche Ereignisse oder Lebensgeschichten von Heiligen handelt und sie religiöse Elemente, passend zu Mariazell, enthält. Das Wort selbst leitet sich von dem lateinischen Wort „legenda" ab. Häufig wird darin über historische Personen und Örtlichkeiten berichtet, um die sich eine Legende gebildet hat, wie die Namensgebung von Orten. Zum Beispiel, wie Mariazell entstanden ist. Erzähler von Legenden tendieren dazu, so viele Beweise wie möglich für die Wahrheit einer Geschichte vorzubringen. Ansonsten müssten sie um ihr Prestige fürchten, sollte sich herausstellen, dass sie selbst an eine erfundene Geschichte geglaubt haben.

Häufig wird darin über historische Personen und Örtlichkeiten berichtet.

Zusätzlich gibt es noch Erzählgattungen wie Alltagserzählungen, Erinnerungen, autobiografische Erzählungen oder Reiseberichte. Wie über das Leben und Wirken von Erzherzog Johann oder die Erinnerungen von Peter Rosegger über seine Wanderungen in der Heimat und das dabei Erlebte.

Das Mariazellerland

Die nördlichste Region der Steiermark, das Mariazellerland, ist durch seine wunderschöne Landschaft ein besonderes Gebiet Österreichs. Das Gebiet erstreckt sich von seinen Hängen südwärts in die Steiermark und glänzt nicht nur durch hervorragende Schaustücke der Geologie, sondern ebenso mit seiner Baukunst aus mehreren Jahrhunderten und dem berühmtesten Wallfahrtsort Österreichs. Er befindet sich inmitten der Nördlichen Kalkalpen, im steirisch-niederösterreichischen Grenzgebiet. Seine Lage ist von den Ybbstaler Alpen im Nordwesten, den Türnitzer Alpen im Nordosten, der Hochschwabgruppe im Südwesten und den Mürzsteger Alpen im Südosten begrenzt. Aus den sanften Linien des Alpenvorlandes ragt der Ötscher, je nach Betrachtung zerklüftet oder gradlinig, hervor. Das Land rund um den Hochschwab wird als reichstes Wildwassergebiet Österreichs betrachtet und ist in seiner Form mitunter vom Wasser bestimmt. Der Gebirgsfluss, die Salza, zählt zu den längsten, nichtverbauten Wasserstrecken des Landes, entspringt am Ulreichsberg in Niederösterreich und mündet nach 88 km bei Großreifling in die Enns. Ihr Weg führt am Hochschwabmassiv mit seinen hundert Gipfeln vorbei, welches mitunter durch seine zahlreichen Berghöhlen bekannt ist. Am Hochschwab befindet sich Europas größtes Gämsenrevier und aus dem nördlichen Hochwabgebiet (Wildalpen) entnimmt die II. Wiener Hochquellenleitung ihr Wasser. Das meiste Wasser dafür stammt aus dem Gemeindegebiet von Gußwerk. Die imposante Kläfferquelle ist die ergiebigste in der Gegend.

Am Hochschwab befindet sich Europas größtes Gämsenrevier.

Am Fuße der Bürgeralpe prägt die Basilika mit der im Gnadenaltar stehenden Marienstatue nicht nur das Leben der Bergwelt, sondern auch das der vielen Wallfahrergruppen, die jedes Jahr über zahlreiche Pilgerwege zur Gnadenmutter Österreichs ziehen. Seit dem 16. Jahrhundert wird die Statue aus Lindenholz das gesamte Jahr über mit wechselnden Kleidern angezogen. Lediglich zweimal im Jahr ist Maria mit ihrem Kinde im Arm ohne die sogenannten Liebfrauenkleider zu sehen, nämlich am Gründungstag von Mariazell, dem 21. Dezember, und am Tag des Patroziniums der Basilika, zu Maria Geburt am 8. September. Ungefähr eine Million Gläubige pilgern pro Jahr aus nah und fern nach Mariazell zur Gnadenstatue, die auch unter den Namen Magna Mater Austriae, „Große Mutter Österreichs“, sowie als Magna Domina Hungarorum, „Großherrin der Ungarn“, und Mater Gentium Slavorum, „Mutter der slawischen Völker“, angerufen wird. Wie die Statue ins Mariazellerland gekommen ist, erzählt eine uralte Legende.

Das gesamte Mariazellerland lebt fast ausschließlich vom Tourismus des Sommer- und Wintersports sowie von der Wallfahrt und von der faszinierend schönen Natur dort.

Gebildet wird die Region von den ehemals vier steirischen Gemeinden Mariazell, St. Sebastian, Gußwerk und Halltal, die seit 2015 als „Stadtgemeinde Mariazell“ die größte Gemeinde der Steiermark darstellen, und der niederösterreichischen Gemeinde Mitterbach. Die Gegend hat seit der ersten urkundlichen Erwähnung im 11. Jahrhundert eine wechselhafte Geschichte erlebt. Das Gebiet gehörte einst zum Herzogtum Kärnten, dem die steirische Grafschaft im Mürztale unterstand. Im Jahre 1025 bekam Adalbero, der Herzog von Kärnten, vom römisch-deutschen Kaiser Konrad II. hundert königliche Huben samt Untertanen, die Wohnstätten, Wiesen, Wälder, Jagden sowie die Salzquelle von Halltal zum Geschenk. Herzog Heinrich von Kärnten, sein Enkel, gründete an der steirisch-kärntnerischen Grenze das Stift St. Lambrecht und stattete es im Jahre 1103 sehr reich aus. Das Aflenztal samt Kirche sowie die Erzgruben im Raume Gußwerk gehörten zum Geschenk. Der Mönch Magnus drang von Aflenz aus in die Wildnis nördlich des Seeberges vor, um die hier lebenden Wald- und Salzarbeiter christlich zu betreuen. Mit dem Bau einer Zelle im Jahre 1157 für seine geschnitzte Marienstatue am Südhang der Bürgeralpe legte er den Grundstein für Mariazell.

Die Gemeinden im Mariazellerland

Das Mariazellerland umfasst heute folgende Gemeinden bzw. Orte auf der steirischen Seite: Mariazell mit Sankt Sebastian, Gußwerk und Halltal. Die Stadtgemeinde Mariazell ist mit einer Gesamtfläche von rund 41.300 ha die flächengrößte Gemeinde der Steiermark und die drittgrößte Stadt Österreichs. Durch die Fusionierung der vier ehemaligen Mariazellerland-Gemeinden per 1. Jänner 2015 hat die Stadtgemeinde insgesamt rund 3.900 Einwohnerinnen und Einwohner, welchen eine sehr gute Infrastruktur zur Verfügung steht, und spielt eine bedeutende Rolle im Tourismuswesen. Auf der niederösterreichischen Seite befindet sich die Ortschaft Mitterbach am Erlaufsee mit zirka 480 EinwohnerInnen, sie gehört zum Bezirk Lilienfeld. Die Ötschergräben, der Erlaufstausee, die Hälfte des Erlaufsees sowie die Gemeindealpe befinden sich im Gemeindegebiet von Mitterbach. Mitten durch den Erlaufsee verläuft die Grenze zwischen Niederösterreich und der Steiermark.

Ansichtskarte, 1918

Mariazell

So sagenumwoben das Mariazellerland selbst ist, so unklar sind auch die genauen Umstände der Gründung des Hauptortes. Traditionsgemäß wird heute der 21. Dezember 1157 als Gründungsdatum angegeben. Es ist jener Tag, an dem der Mönch Magnus der Legende nach mit der 52 Zentimeter großen Lindenholzstatue im Gepäck den heutigen Gnadenort Mariazell erreicht haben soll. Den Ausgangspunkt seiner Missionierung bildete der heutige Kurort Aflenz, der damals im Besitz der Benediktinerabtei St. Lambrecht lag. In Mariazell angekommen errichtete der Mönch eine „Zelle", die sowohl als Wohnräumlichkeit wie auch als Andachtsort genutzt wurde, da hier die Gnadenstatue ihre Heimat fand. Darauf beruht auch der Name des Ortes: Maria in der Zelle, kurz also Mariazell. Wie lange der fromme Ordensbruder in Mariazell gelebt und gewirkt hat, darüber gibt die Überlieferung keinen Aufschluss. Nach seinem Tode scheint der Ruf des Gnadenbildes und des frommen Ordensmannes in eins verschmolzen zu sein.

Darauf beruht auch der Name des Ortes: Maria in der Zelle, kurz also Mariazell.

Um 1200 entstand die erste romanische Kirche, die als „Cella" bezeichnet wurde. 1344 wurde der Ort zum Markt erhoben. Zwischen 1340 und 1350 wurde an die romanische Kirche Richtung Osten ein Chor angeschlossen, danach durch Ludwig I. von Ungarn schließlich ein kompletter gotischer Neubau mit einem dreischiffigen Langhaus errichtet, das in Richtung Westen mit einem 90 Meter hohen Turm abschließt, der der Kirche noch heute ihr markantes Aussehen verleiht. Ihr heutiges Aussehen erhielt die Basilika zwischen 1644 und 1683 im Rahmen einer Barockisierung durch den italienischen Baumeister Domenico Sciassia. So wurden dem gotischen Mittelturm nicht nur zwei barocke Türme mit Zwiebeldach zur Seite gestellt, sondern auch Seitenkapellen an das Langhaus angeschlossen und ein neues Dach errichtet, auf dem eine mächtige Kuppel sitzt. Teile des gotischen Kerns der Kirche sind heute freigelegt und zeugen von der Verschmelzung gotischer und barocker Baukunst. Beim Großbrand von 1827, der nahezu den ganzen Ort zerstörte und zehn Menschenleben kostete, wurde der Kirchenbau enorm in Mitleidenschaft gezogen, zur Behebung der Schäden wurden Spenden aus der ganzen Monarchie gesammelt. 1907 wurde die Wallfahrtskirche zur „Basilika minor" erhoben. Der Markt wurde 1948 aufgrund seiner hohen Bedeutung,

Blick auf Mariazell im Spätsommer

die ihm die Kirche verlieh, zur Stadt erhoben. Im Jahr 2007 wurde die letzte große Sanierung der Kirche, die 1992 begonnen hatte, fertiggestellt. Im 20. Jahrhundert wurde dem Ort zwei Mal eine besondere Ehre zuteil. Am 13. September 1983 besuchte Papst Johannes Paul II. den Gnadenort, am 8. September 2007 tat es ihm Papst Benedikt XVI. gleich.

Mariazell ist aber nicht nur für seine Basilika bekannt. Es ist die Umgebung, die der Stadt seit jeher ein besonderes Flair verleiht. Der Ausblick von der am Fuße der Bürgeralpe gelegenen Stadt verleiht ihr einen besonderen Charme. So liegt der Ort malerisch eingebettet in einen Ring von Berggipfeln, der wie ein behütender Kessel wirkt, den man nur über Gebirgspässe zu betreten vermag.

Gußwerk

Die Ausdehnung des Ortes, der ehemals größten Gemeinde der Steiermark, umfasst das gesamte Gemeindegebiet von der Salzabrücke in der Rasing bis zum Seeberg und vom Niederalpl bis zur Bärnbachbrücke zwischen Gschöder und Wildalpen. Zu Gußwerk, dem „Tor zum Salzatal“, gehören noch die Ortschaften Gollrad, Wegscheid, Aschbach, Greith und Weichselboden. Als „Obertal“ gilt der Teil von Gußwerk bis zum Seebergsattel, das „Untertal“ verläuft von Gußwerk das Salzatal entlang bis zur Gemeindegrenze von Bärnbach. Gußwerk ist innig mit der Geschichte des Wallfahrtsortes Mariazell und mit der des Stiftes St. Lambrecht verknüpft. Sehr früh stieß man in diesem Gebiet auf Eisenerze, aus denen man das Eisen zu gewinnen lernte. So entstanden die bäuerlichen Schmelzwerke, aus denen später die heimische Eisenindustrie hervorging. Das zutage gebrachte Erz wurde zu häuslichen Gebrauchsgegenständen, Werkzeugen, Nägeln und Ähnlichem, verarbeitet. Von 1103 bis 1786 gehörte das heutige Gebiet von Gußwerk dem Stifte St. Lambrecht und die Einwohner waren dem Abt als Grundherrn untertan.

Der Aufstieg Mariazells kam auch Gußwerk mit seinen wirtschaftlichen Produkten und den Bauern zugute. Mariazell öffnete somit die Wege in die weite Welt, Handel und Verkehr wurden immer reger und schufen neue Verbindungen. Im Jahre 1761 verheerte ein Hochwasser die Werksanlagen. Eine Votivtafel an der Windmauer zwischen Gußwerk und Bohrwerk erinnert daran:

„O Blicket auf zum Meeresstern dort oben, Maria rette uns, wir gehen zu Grunde,
Geleite uns aus diesem Fluthen-Schlunde.“

In Terz und in der Rothsol gingen zur selben Zeit gewaltige Wolkenbrüche nieder, Gußwerk wurde unglaublich zugerichtet, sodass von den Kohlengruben und Kohlenhütten nichts mehr zu sehen war, sämtliche Brücken wurden weggerissen.

Im Jahre 1767 gab es bereits drei Hochöfen, es wurden nun in erster Linie Kanonen, Mörser und die dazugehörige Munition erzeugt. Weichselboden bekam 1773 eine Kirche für die im Salzatal ansässigen Köhler und Holzknechte und 1830 bis 1833 wurde die Kirche von Gollrad, der heiligen Barbara, Schutzpatronin der Bergleute, gewidmet, erbaut. Die Rüstungsindustrie florierte und 1829 wurde außerhalb von Gußwerk noch ein Kanonenbohrwerk errichtet. Als zweites

Ansichtskarte, 1900

Standbein galt der Gußwerker Eisenkunstguss, Bildhauer fertigten Statuen, Kreuze, Grabtafeln und Schmuckgegenstände. Ab dem letzten Drittel des 19. Jahrhunderts verlor das Eisenwerk in Gußwerk immer mehr an Bedeutung, der fehlende Eisenbahnanschluss machte sich stark bemerkbar und so wurde 1899 der letzte Hochofen ausgeblasen. Mit der Errichtung eines Sägewerkes wurde ein neuer Industriezweig geschaffen und der Bau der II. Hochwasserquellenleitung für Wien brachte weiteren Aufschwung. Nach elfjähriger Bauzeit eröffnete im Jahre 1910 Kaiser Franz Joseph I. die wichtige Lebensader für Wien.

Den Brandhof auf der Seebergalm, den Erzherzog Johann 1818 von seinem Bruder Kaiser Franz I. kaufte, zählt man zu den geschichtlich bedeutsamsten Flecken von Gußwerk. Im Jahre 1829 heiratete der gern „Brandhofer" Genannte in der Schlosskapelle Anna Plochl, eine Postmeisterstochter aus Aussee. Zeugnisse der reichen montanhistorischen Vergangenheit sind im Montanmuseum in Gußwerk zu bewundern. Der Brandhof gehört heute noch Nachkommen von Erzherzog Johann. Zwei in Gußwerk gegossene Kanonen wurden 1996 aus Kroatien zurückgeholt und stehen im Kanonenpark in der Ortsmitte. Weitere, noch sichtbare Relikte sind der Hochofenstock in Aschbach sowie der Rest eines Röstofens in Gollrad.

Halltal

Halltal, eine ehemals eigenständige Gemeinde, liegt östlich von Mariazell, ist langgezogen und das romantische Walstertal mit seinen Holz- und Jagdhäusern zählt zu den ältesten Siedlungsräumen im Mariazellerland. Erste urkundliche Aufzeichnungen stammen aus dem 11. Jahrhundert und sind in der Schenkungsurkunde des Stiftes St. Lambrecht aus dem Jahre 1103 zu finden, wo eine Saline angeführt ist. Das Gemeindegebiet bestand aus einer einzigen Katastralgemeinde mit den Ortschaften: Freingraben, Halltal, Mooshuben, Rechengraben, Schöneben und Walster. Halltal ist für die Salzgewinnung bekannt, welche bereits im 15. Jahrhundert unter Staatsmonopol gestellt werden sollte. Auf kaiserlichen Befehl wurde im 16. Jahrhundert die Salzerzeugung im Halltal erstmals eingestellt, da es jedoch infolgedessen zum Anstieg des Salzpreises kam, wurde 1601 abermals mit der Salzgewinnung begonnen, doch 1759 kam es zur endgültigen Schließung. Erwähnenswert ist, dass das Salz bereits gelöst als Sole aus den Bergwerken gewonnen werden konnte. Die Bevölkerung lebte von der Landwirtschaft, hatte Waldbesitzungen und profitierte von der Holzkohlenerzeugung für das Eisengusswerk bis zum Jahre 1899, als dieses stillgelegt wurde. Mit einem Schlag fiel die größte Einnahmenquelle weg und etliche Bauern verloren ihren Besitz an den Großindustriellen Arthur Krupp, den Besitzer der Berndorfer Metallwarenwerke. Somit spielte die Familie Krupp in der Folge für die Geschichte von Halltal eine bedeutende Rolle. Arthur Krupp führte die landwirtschaftlichen Betriebe weiter, errichtete eine beachtliche Guts-

Holzhaus mit Schnitzereien, Rechengraben

verwaltung, seine Gattin ließ im Jahre 1906 den Hubertussee in der Walstern anlegen. Arthur Krupp, geboren 1856 in Wien und gestorben 1938 in Berndorf, war von 1894 bis zu seinem Tod Jagdherr in der Walstern. Zwei Gedenktafeln, eine am Walsternursprung (1926) „Künde sprudelnder Quell der Walster Arthur Krupp's Namen, der deine Ufer geschmückt, belebt mit Wild deinen Wald" und die andere beim Sperrenbauwerk des Hubertussees (1934) „hab Dank St. Hubertus, dass du vierzig Jahre Arthur Krupp uns als Jagdherrn der Walster gegeben. Schütz weiter sein Wirken, das stets war zum Segen für Jäger und Wild" bezeugen ihn als weidgerechten Jagdherren, der sich um das Walstertal und seine Umgebung große Verdienste erworben hat. Krupp schuf innerhalb weniger Jahre eine Infrastruktur, die hinsichtlich Ausmaß und Tempo mehreren Generationssprüngen gleichzusetzen war. Den hohen kulturellen und landwirtschaftlichen Stellenwert und Bekanntheitsgrad, den das Walstertal heute genießt, ist weitestreichend der Persönlichkeit Arthur Krupp zu verdanken. Die bekanntesten der Berndorfer Erzeugnisse sind weltweit die Besteckfabrikationen („Tafelkultur im Zeichen der Bären"). Arthur Krupp setzte neue Maßstäbe bei sozialen Einrichtungen und trat immer wieder als großzügiger Mäzen auf, so ließ er das im Jahre 1785 als Toleranzbethaus errichtete evangelische Kirchengebäude in Mitterbach im Sommer 1921 durchgreifend erneuern. Der gesamte ehemalige Krupp-Besitz ging im Jahr 1974 in die Hand der Österreichischen Bundesforste über. Die sehenswerten, übergroßen Statuen von Kaiser Franz Joseph I. in der Walstern und von Erzherzog Johann am Vogelbühel verdankt Mariazell Arthur Krupp. Am Hubertussee steht die Bruder-Klaus-Kirche, einer der letzter Kirchenbauten in Mariazell aus den Jahren 1966/1967. Sie ist dem hl. Nikolaus von Flüe geweiht, wobei sich die beiden steirischen Künstler Rudolf Szyskowitz (Betonglasfenster) und Alexander Silveri (Eisengussportal) in dieser Kirche verewigen konnten. Die Hubertuskapelle steht ebenfalls direkt am Hubertussee und ist ein Denkmal für Brauchtum und Toleranz. Hubertus von Lüttich lebte im siebten und achten Jahrhundert nach Christus (655–727) im heutigen Frankreich und Belgien. Er war von adeliger Abstammung. Der bekanntesten Legende nach lebte er nach dem Tod seiner Frau schmerzerfüllt, von der Gesellschaft abgewandt und irrte maßlos jagend durch die Wälder. Erst nach einer Begegnung mit einem Hirschen, der ein Kreuz im Geweih trug, beschloss er, sein Leben zu ändern.

Die sehenswerten, übergroßen Statuen von Kaiser Franz Joseph I. in der Walstern und von Erzherzog Johann am Vogelbühel verdankt Mariazell Arthur Krupp.

Die Walster mündet in Halltal in die Salza. Der Verlauf der Walster vom Ursprung, in Niederösterreich gelegen, bis zur Mündung in die Salza (ca. 15 km) ist einen Spaziergang wert, hier lässt sich über einige Abschnitte die natürliche Dynamik der Walster mit allen Erscheinungen wie Mäandern, Schotterbänken, Steilufern und Flussinseln beobachten. Im Walstertal kann man eine hervorragende Symbiose zwischen Mensch und Natur erfahren, dies wussten bereits Besucher wie Kaiser Franz Joseph I. zu genießen. Der für die Wasserkraftnutzung angelegte Hubertussee mit einer Länge von 1,2 km stellt mit seinen bewachsenen Ufern ein landschaftliches Juwel dar und könnte von Natur aus nicht schöner gelegen sein.

Mitterbach

Mitterbach am Erlaufsee, direkt an der Grenze zur Steiermark, gehört zum Mostviertel, dem südwestlichsten Teil Niederösterreichs. Mit dem Wahrzeichen des Mostviertels, dem Ötscher samt Ötschergräben, der Gemeindealpe und dem Erlaufsee ist der Ort einerseits ein waldreiches Wandergebiet, aber auch aufgrund der hervorragenden Wasserqualität des Sees das gesamte Jahr über eine begehrte Gegend für den Tourismus. Zahlreiche Sagen und Mythen drehen sich um den Ötscher in Verbindung mit Berggeistern, Riesen und Hexen und dem Teufel.

Ansichtskarte, 1908

Im Jahre 1536 wurde das Gemeindegebiet erstmals genauer erfasst. In der Seerotte und Josefsrotte befanden sich um die 35 Einzelhöfe, die dem Stift untertan waren. Stift Lilienfeld war es, dem Mitterbach seine Entstehung verdankt, denn im Jahre 1644 ließ der Abt des Stiftes auf halbem Weg zwischen Annaberg und Mariazell, auf dem Josefsberg, damals noch Saurüssel genannt, für die Pilger eine Kapelle erbauen. Im Zuge dessen wird sehr gerne Maria Theresia genannt. Im Zuge einer Wallfahrt nach Mariazell kam die Kaiserin 1765 in das Gebiet von Mitterbach und wurden von einem Schneegestöber überrascht. Dort traf sie auf eine Familie, die ihr neugeborenes Kind in einem mehrstündigen Fußmarsch nach Annaberg zur Taufe bringen wollte. Es herrschten streng winterliche Schneeverhältnisse im August und die Leute klagten der Kaiserin das Leid, den Kirchgang nach Annaberg betreffend, besonders zu kalten Jahreszeiten. Dem Mitleid der Kaiserin verdankten die Bürger die Errichtung einer Pfarre auf dem Saurüssel. 1791 wurde die kleine Kapelle vergrößert und erhielt ihre heutige Gestalt. Die Kirche wurde zur Station für die Wallfahrer zwischen dem Annaberg und Mariazell. Es entstand ein Pfarrhof, der heute noch interessante Fresken mit Motiven aus der Holzknechtzeit enthält. Zur Mitte des 18. Jahrhunderts begann das Stift Lilienfeld die Holzvorräte des Gebietes um die Gemeindealpe und den Ötscher erstmals zu nutzen. Aus dem Dachsteingebiet wurden Holzknechte angesiedelt, die sich einfache Holzhütten bauten und die Wälder rodeten sowie die Holzwirtschaft im Gebiet erschlossen. Im Zuge dessen entstand 1785 auch die erste evangelische Gemeinde Niederösterreichs. Für die Mitterbacher Katholiken wurde im Jahre 1875

Kirche Josefsberg

Dem Mitleid der Kaiserin verdankten die Bürger die Errichtung einer Pfarre auf dem Saurüssel.

eine Kapelle erbaut. Die Mariazellerbahn, die seit 1907 einen geschichtlichen Einschnitt für Mitterbach bringt, erschloss die herrliche Gebirgsgegend für Touristen. Die sagenumwobenen Ötschergräben mit ihren Steiganlagen zählen zu den beliebtesten Ausflugszielen Ostösterreichs. Mitterbach entwickelte sich immer mehr zu einem Sommerfrischeort und mit Anfang der 1950er-Jahre und der Eröffnung des Sesselliftes auf die Gemeindealpe auch zum Wintersportgebiet. Nach einer kurzen Reaktivierungspause laden das neue Terzerhaus, die Skihütte „Zum Bäreneck" und der Gasthof „Zum Sessellift" zur Einkehr. Weitere Highlights: Funslope, Speedstrecke mit Geschwindigkeitsmessung, SkiLine Höhenmeterstatistik und das „s'Balzplatzerl" an der Mittelstation. Die Gemeindealpe ist zum Ganzjahresberg geworden.

Im Jahre 1970 entstand der 170 km² große Naturpark Ötscher-Tormauer. Er ist der größte Naturpark Niederösterreichs und kann von den fünf Naturpark-Gemeinden aus, zu denen Mitterbach zählt, besucht werden.

St. Sebastian

Die Ortschaft St. Sebastian liegt in 860 m Seehöhe im steirisch-niederösterreichischen Grenzgebiet. Vom Ort aus sieht man die zum Hochschwab gehörende, über 2.000 m hohe Graualm, weiter gegen Westen erblickt man die Zeller Staritzen, die Tribein und die drei Zellerhüte. Nordwestlich erstrecken sich im Vordergrund die Gemeindealpe und dahinter der Ötscher mit seiner felsigen, steilen Südseite. Direkt vom Ort aus erhebt sich die 1.267 m hohe Mariazeller Bürgeralpe und der Kreis schließt sich im Osten mit der Hohen Student und der Sauwand. Der Name St. Sebastian stammt von der Sebastianikapelle ab, die in den Pestjahren 1644–1646 von Stiftsbaumeister Domenico Sciassia erbaut wurde. Die Sebastianikapelle ist eine bedeutende Station an der „Via Sacra", der heiligen Straße, auf der seit Hunderten von Jahren Pilgerscharen von Wien über Lilienfeld, Annaberg und Josefsberg nach Mariazell ziehen. Die Sigmundbergkapelle auf einer Anhöhe über dem Salzafluss an der Grenze zu Gußwerk wurde einst als Festung gegen die Türken errichtet. Im Jahre 1827, während des großen Brandes in Mariazell, wurde die Gnadenstatue in dieser Kapelle aufbewahrt. Sämtliche Bauerngehöfte in St. Sebastian mussten bis zum Jahre 1848 (Bauernbefreiungsjahr) über Generationen der Herrschaft Mariazell ihre Dienste erweisen. Der Ort bildet die Endstation der Mariazellerbahn, die 1907 errichtet worden ist und von wo unzählige Wallfahrer und Touristen nach Mariazell kommen. Mit dem aufkeimenden Tourismus in Mariazell begann auch die Erkundung der Umgebung des Gnadenortes und es entstanden die ersten Ansichtskarten dazu. Mitunter stellten sie Abbildungen des Wasserfalles aus der Grünau dar, in welchem eine Marienstatue aufgestellt war. Das Gasthaus und spätere Hotel in unmittelbarer Nähe wurde „Zum Marienwasserfall" genannt.

Das Herrenhaus am Erlaufsee wurde im 18. Jahrhundert von den Stiftsherren des Stiftes Lilienfeld errichtet und ab 1900 als Hotel geführt. Heute stehen Urlaubsgästen drei Appartements mit Ausblick auf die Gemeindealpe und den Erlaufsee zur Verfügung. Die Museumstramway führt von Mariazell nach St. Sebastian und in den Sommermonaten steht ein Oldtimerbus für Fahrten im Mariazellerland zur Verfügung. Ein 100 Jahre altes Militärboot aus dem Ersten Weltkrieg, renoviert und nun mit Strom betrieben, bietet den Besuchern des Erlaufsees erst seit Kurzem eine neue Attraktion für Ausflugsfahrten zu Wasser.

Ansichtskarte Marienfall, 1916

Sebastianikapelle

Mariazeller Bergwelt

Im Bergland um Mariazell vereinen sich nicht nur grüne Täler und tiefe Schluchten, sondern auch steile Gipfel, rauschende Wasserfälle, ruhige Almwiesen und reine Badeseen zu einem harmonischen Ganzen. Der Ausblick von der Erzherzog-Johann-Aussichtswarte auf der Bürgeralpe reicht, um das ganze steirisch-niederösterreichische Vorland zu überblicken, und ist überwältigend. Bereits im Jahre 1855 gab es einen aus Holz errichteten Aussichtsturm, um das herrliche Bergpanorama zu bewundern.

Blick von der Gemeindealpe

Das Hochschwabmassiv

Das nach seinem Hauptgipfel, dem Hochschwab (2.277 m), benannte Kalkgebirge zwischen Präbichl und Seeberg, dem Salzatal und der Aflenzer Senke stellt eine von wild zerklüfteten Felsgipfeln und Steilwänden umrahmte, im Zuge der tertiären Alpenfaltung hochgehobene Hügellandschaft dar. So wird denn auch, durch welches der zahlreichen Täler man sich ihr auch nähert, sei es das Brunntal, der Ring, die Fobes, die Dullwiz oder das herrliche Trawiestal, immer eine Steilstufe den Aufgang zur Hochfläche zu sperren suchen; am deutlichsten im jähen Nordabfalle entlang der „Mariazeller Bruchlinie". Ist diese Steilstufe jedoch überwunden, dann öffnen sich dem Auge die beseligenden Weiten der Almfluren, erlabt sich das Gemüt an der Freiheit des Firmamentes, das auf kahlen Graten und Jochen der Randberge zu ruhen scheint. Es entspricht seiner gewaltsamen Erhebung, dass dieser Kalkstock im Inneren durch Klüfte und Höhlen zerrissen ist, in denen sich die Wasser sammeln, die dann ober Tage mächtige Quellen oder als unterirdische Zuflüsse die Seen speisen werden. Von den bewaldeten Ausläufern des Hochschwabmassives und von den niederösterreichischen Voralpen allseits umgeben und daher nur über steile Bergpässe erreichbar, liegt Mariazell, inmitten seiner lieblichen, mit Bildstöcken und Kapellen reich geschmückten Landschaft. Im Jahr 1803 führte „der steirische Prinz" Erzherzog Johann die erste touristische Überquerung des Hochschwabgebirges durch.

An seinem 40. Geburtstag schrieb der Erzherzog in sein Tagebuch: „Auf die Berge hatte ich meinen Sinn gewendet, das Wie und Warum vermag ich selbst nicht zu erklären, kurz, dahin zog es mich von frühester Jugend hin." Mit dem Ankauf des Brandhofs am Seeberg im Jahre 1818 schuf sich der junge Habsburger einen festen Stützpunkt mitten in den Bergen. Der nahe Hochschwab wurde sein bevorzugtes Jagd- und Wandergebiet. Das Bergmassiv mit seinem 60 km langen und 15 km breiten Gebirgszug kann als eines der gämsenreichsten Gebiete Mitteleuropas bezeichnet werden. Auch dies ist auf den Erzherzog zurückzuführen, der sich als Reformer der Jagdwirtschaft zeigte und sich speziell für diese Wildart einzusetzen wusste. Der Hochschab ist trotz seiner karstigen Oberfläche wohl der größte Wasserspeicher des Landes. Der Sage nach wohnten in alten Zeiten auf dem Hochschwab die Bergfräulein. Sie waren von kleinem Wuchs und zeigten sich öfters den Hirten auf den Almen.

Der Ötscher

Ein Magnet für jeden Bergfreund ist der unumstrittene König dieses Reiches, der Ötscher. Die felsigen Ötschergräben mit den Tormäuern sind für ihre Naturschönheit bekannt. Der berühmte Sagenberg und urgewaltige Beherrscher des Gebietes, der seine Nachbarn rings im Kreise in stolzer Kühne überragt, wurde in früheren Jahrhunderten Othza, Othzan, auch Öthschan (slawisch für Vaterberg) genannt. Sein Gipfel erreicht eine Höhe von 1.893 m, er ist also nur um 183 m niedriger als der des Schneeberges (2.076 m) und nach diesem der zweithöchste Berg in Niederösterreich. Zwischen der großen Erlauf, die ihn im Osten, und der Ybbs, die ihn im Westen von den benachbarten Bergen scheidet, dehnt er sich fast geradlinig in einer Länge von rund 12 km aus und wächst mit seinem beiderseits schroff abfallenden, im unteren Teile mit dichtem Wald bestandenen Rücken gleichsam aus dem Erlaufboden heraus. In 1.200 m beginnt das Krummholz und mit schroffen Felsen ragt der Ötschergipfel in das Blau des Äthers, ein wunderbares Bild großartiger Bergherrlichkeit bietend. Die gewaltigen Felsenrippen des vom Gipfel nach Nordosten verlaufenden und nach beiden Seiten, besonders nach Norden gegen die Tormäuer, in die steilen Wänden abfallenden „Rauhen Kamm" bergen südwärts in ihrem Inneren die sehr sehenswerten Ötscherhöhlen. Weniger felsig und zerklüftet ist der Kleine Ötscher (1.552 m), der sich aus der „Riffel" emporhebt und der wegen seiner einstmaligen dunklen Bewaldung „Schwarzer Ötscher" genannte dritte Gipfel.

Ötscherhöhlen: Der Südhang des „Rauhen Kamm" birgt drei Höhlen, das Wetter-, das Tauben- und das Goldloch. Letzteres ist die interessanteste der Höhlen. Westlich vom Nestbelberggraben, gegen Ende des Roßkogelgrabens, ist der Eingang zur erschlossenen, sehr sehenswerten Ötscher-Tropfsteinhöhle.

Das Wetterloch befindet sich an der Westseite, nahe dem Gipfel des Berges.

Das Wetterloch befindet sich an der Westseite, nahe dem Gipfel des Berges. Von ihm erzählt die Sage, dass, wenn man in dieses bei klarem Himmel einen Stein hineinwirft, sich in kurzer Zeit Wolken sammeln und ein schreckliches Gewitter losbricht. Dies sei die Rache der Berggeister, die in ihrer Ruhe gestört wurden.

Das Taubenloch ist die nördlichste der Höhlen und eine ein- und abwärts führende Spalte, welche durch Einstürze ihre Gestalt sehr verändert haben muss. Nach

Blick auf den Ötscher und die Ötschergräben

älteren Berichten verlief die Höhle durchaus waagrecht, was jetzt nicht mehr der Fall ist. Über gewaltige Felsblöcke klettert man von dem 6 m hohen und 14 m breiten Eingang in das Innere hinab. Erst 1994 wurde eine Verbindung zum Geldloch entdeckt. Der Sage nach hat die Höhle den Namen aufgrund seiner dort nistenden Vögeln, die in Wahrheit die verlorenen Seelen unredlicher Menschen seien, die zur Strafe für ihr frevelhaftes Leben in die Ötscherhöhle verbannt wurden.

Das Geld- oder Eisloch befindet sich eine Vierstelstunde südlich vom Taubenloch.

Das Geld- oder Eisloch befindet sich eine Vierstelstunde südlich vom Taubenloch. Schon der Eingang zu dieser Höhle ist viel großartiger; mehrere gewaltige Felsblöcke liegen davor, die zum Teil als Ruheplätze, zum Teil als Schutz gegen den eisigen Luftstrom benützt werden, der aus der Höhle dringt. Durch den sehr geräumigen Eingang gelangt man bequem und gefahrlos in das Innere der Höhle bis zum See. Ist man über den See hinüber und hat das entschwundene Tageslicht ersetzt, so bietet sich ein Schauspiel dar, wie man es sich reizender kaum vorstellen kann: Ein mächtiger in Eis erstarrter Wasserfall stürzt fast senkrecht zum Eissee ab. Zuoberst ragt eine massive Eispyramide bis zur Decke. Darüber plätschern mehrere Tropfbrunnen herab und sammeln sich in einem schön geformten Becken. Diese Eishöhle gehört zu den merkwürdigsten Erscheinungen der Höhlenwelt und in etlichen Sagen wird berichtet, dass dort Schätze lägen, die von Böcken, Drachen, Basilisken und Schlangen bewacht werden.

Die Ötscher-Tropfsteinhöhle ist eine Schauhöhle im Naturpark Ötscher-Tormäuer und wurde von Waldarbeitern gefunden, die vermutlich auf der Suche nach Silbererz waren. Sie ist reich an Gängen und Hallen, die mit schneeweißen Bergmilchablagerungen überzogen sind. Der Eingang der Höhle ist nur zu Fuß vom Tal der Erlauf erreichbar und Führungen durch diese Höhle finden bereits seit dem Jahr 1926 statt. Nach kriegsbedingter Unterbrechung gab es eine Wiedereröffnung als Schauhöhle im Jahr 1966.

Nebenbei hatte die Legendenbildung rund um den Ötscher interessante Nebeneffekte und weckte den menschlichen Forscherdrang. Gerne verbreitete sich das Gerücht, dass in früheren Zeiten mit sagenhaften Schätzen beladene „Venedigermandeln" den Höhlen des Ötscher entstiegen sein sollen. Dieses Gerücht weckte das Interesse von Kaiser Rudolf II. (1552–1612). In der Hoffnung, die klammen Staatskassen sanieren zu können, schickte er im Jahr 1592 eine Expedition in das Innere der mysteriösen Ötscherhöhlen, um nach Schätzen zu suchen. Es war die erste dieser Art Expedition überhaupt. Die Goldsucher fanden keine Schätze, weder Gold noch Edelstein, konnten jedoch so einen Großteil des Ötscher-Höhlensystems erkunden.

Wegweiser Naturpark
Ötscher Tormäuer

Ausblick von der Bürger-alpe

Weitere Berge des Mariazellerlandes

Der Hauptort der Region, Mariazell, liegt am Fuße der Bürgeralpe (1.267 m), die sich hinter der Basilika in Richtung Nordost erhebt. Reizend ist die Südaussicht in das Mariazellertal, über das sich die Tonion (1.699 m), die Student (1.539 m), die Sauwand (1.422 m) und die Tribein (1.258 m) erheben, hinter diesen die Weißalpe. Aus dem Hintergrunde lugt, sie alle überragend, die Hohe Veitsch (1.982 m) hervor. Vorne her sind die Wetterin (1.530 m), der Königskogel (1.565 bzw. 1.574 m) und die Spielmäuer (1.175 m), eine mit einer Sage behaftete Partie zackiger Felsenwände, nächst Wegscheid. Dem Ötscher im Norden am nächsten liegt die Gemeindealpe (1.626 m) im Gemeindegebiet von Mitterbach am Erlaufsee, ein beliebtes Skigebiet und höchster Aussichtsberg. Zwischen Gemeindealpe und Tribein ragen schließlich die Zeller Hüte, nämlich der Vordere (1.629 m), Mittlere (1.586 m) und Große Zellerhut (1.639 m) hervor, die auch das Wappen der ehemaligen Gemeinde St. Sebastian zieren. Die Zeller Staritzen mit ihrem Gipfel (Zinken) in 1.619 m und ihren Wiesenflächen sowie herrlichen Panoramablicken gehören zum Gemeindegebiet von Gußwerk. Sie bieten ebenso wunderschöne Wanderungen im Mariazellerland. Die Gemeindealpe, inmitten des Mariazeller Landes gelegen, verbindet aufgrund ihrer Exposition und Höhenlage Sonnenschein und Schneesicherheit. Zusätzlich bieten modernste Maschinenschneeanlagen Skivergnügen bis ins Tal. Von der Bergstation ausgehend bis zur Talstation in 800 m gibt es auf der Gemeindealpe Schneespaß pur. Die präparierten Pisten laden durch ihre Breite zum Snowboarden und Carven ein.

Wintersport in Mariazell

Im Dezember 1889 hatte der Volksschullehrer Alois Lux nach langer Wartezeit seine ersten Skier in Mariazell und ein Jahr darauf konnte man in der Gegend des Wallfahrtsortes bereits Skifahrer sehen. Doch in größerem Ausmaße begann die Zeit des Skilaufes erst mit Matthias Zdarsky. Er leitete in Mariazell einen vom Alpen-Skiverein veranstalteten Skikurs in Mariazell. Der Wintersportverein wurde 1909 gegründet und im Dezember 1909 waren es bis zu 140 Personen, die Zdarsky im Skisport unterrichtete. Im Jahre 1910 fand im Dezember bereits der zweite internationale alpine Skikurs mit 178 Kursteilnehmern statt. Dank Oberst Bilgeri, der 1890 erste Erfahrungen im Skilauf sammelte, fanden Heeresskikurse statt. Die Hochblüte des Rodelsportes war in den Jahren zwischen 1929 bis 1933.

Anfang der 1950er-Jahre wurde ein Sessellift auf die Gemeindealpe errichtet und die Gegend abermals für den Skisport interessant. Kurzfristig wurde die Liftanlage stillgelegt und 2003 mit zwei neuen Sesselbahnen ausgestattet. Auf zwei Etappen (4er-Sesselbahn Bodenbauer Express und 2er-Sessellift Gipfelbahn) geht es heute hier von Mitterbach (800 m) hinauf auf die Gemeindealpe, wo sich das neue Terzerhaus befindet. Von hier aus hat man ein wunderbares Panorama über die Bergwelt Niederösterreichs und der Steiermark sowie den schönen Erlaufsee. Das über 100 Jahre alte Terzerhaus wurde 2014 durch ein Niedrigenergiehaus ersetzt.

Jeder Typ Skifahrer und Snowboarder – vom Anfänger bis zum Profi – findet auf den Bergen des Mariazeller Landes bestimmt die für ihn passende Piste. Vom Kinderskiland mit Zauberteppich und Seillift, über Tiefschneepisten bis hin zum Snowpark – es ist für jeden etwas dabei.

Spaß im Schnee für die ganze Familie ist das Motto der Mariazeller Bürgeralpe. Zur Auswahl stehen 8 Pisten mit 11 km Länge und jeder Schwierigkeitsstufe. Ideal für Einsteiger und Kinder bieten diese Pisten aber auch dem sportlich ambitionierten Fahrer beste Voraussetzungen, sie sind getestet und mit dem Steirischen Pistengütesiegel prämiert. Für einen mühelosen Aufstieg sorgen zwei 4er-Sessellifte sowie ein Schlepplift und ein Tellerlift. Das Kinderskiland mit Zauberteppich und Seillift sowie ein Funpark für Snowboarder runden das Angebot ab. Mit Dezember 2019 führt der neue „Bürgeralpe Express“ vom Zentrum in Mariazell auf den Berg, der die alte Seilbahn aus dem Jahre 1928 ersetzt.

Ansichtskarte, 1915

Der Schatz von Fallenstein

In der Nähe von Gußwerk bei Mariazell hebt sich ein stolzer Felsen empor, der Fallenstein. Ein paar Häuser, die ihm zu Füßen im Wiesengrund ruhen, haben nach ihm den Namen, die kleine Siedlung heißt auch Fallenstein. Im 14. Jahrhundert thronte hoch oben auf dem Felsen eine stattliche Rittersburg, die aber längst nicht mehr besteht. Heutzutage sind nur etliche zerbröckelte Mauerreste zwischen Moos und Gestrüpp zu entdecken. Aber alle hundert Jahre öffnet sich der Fels eine Stunde lang für Sonntagskinder. In der Heiligen Nacht leuchtet für die, die das Abenteuer wagen wollen, im Walde ein geheimnisvolles Licht, das flackernd vor ihnen herschwebt und den Weg zum Eingang in den Fallenstein weist. Dort, wo das Licht stehenbleibt, muss man bis Mitternacht warten – und nun tut sich der Fels auf und das Sonntagskind kann eintreten in ein unterirdisches Reich voll Pracht und Herrlichkeit. Durch zauberhaft erhellte Gänge geht es in einen Saal, in dem Bergmännlein Truhen und Schreine mit kostbaren Schätzen sorglich bewachen. Das Sonntagskind wird von den Bergmännlein freudig begrüßt und kann sich von all dem funkelnden Schmuck und den Gold- und Silberstücken nehmen, so viel das Herz begehren mag. Nur muss der hochbeglückte Mensch, der in den Fallenstein eingehen durfte, zweierlei beachten: Er muss unbedingt schweigen, auch wenn ihn die Männlein durch allerhand List und Neckerei noch so sehr zum Reden verleiten wollen, und er muss den Felsen pünktlich nach einer Stunde verlassen haben! Sonst ist es um ihn geschehen und er sieht das Tageslicht nie wieder. Bisher ist es nur einem einzigen Burschen gelungen, beide Bedingungen zu erfüllen, und sehr reich zu seinen armen Eltern und Geschwistern zurückzukehren, wo er seinen Schatz mit vollen Händen ausgeteilt hat. Die anderen Schatzsucher aber kamen aus dem Fallenstein nimmer wieder. Entweder konnten sie das strenge Schweigen doch nicht halten, oder sie wurden durch die Pracht der Edelsteine und des vielen Geldes verführt, länger als eine Stunde im Fels zu verweilen.

Er muss schweigen und er muss den Felsen pünktlich nach einer Stunde verlassen haben!

Die steinerne Spinnerin

Im Weichselboden, einer Gebirgsgegend der oberen Steiermark, lebte einmal eine Dirne, die aus dem, was bei anderen eine Tugend ist, eine Sünde machte. Sie war überaus fleißig und emsig, das konnte ihr niemand abstreiten; schon am frühen Morgen saß sie beim Rocken und ließ den Faden durch ihre Finger laufen und noch spät in der Nacht beim flackernden Span schnurrte ihr Spinnrad. Daran wäre nun wohl nichts zu tadeln gewesen; allein sie ging zu weit; denn selbst am Tage des Herrn ließ sie die Arbeit nicht ruhen, und während die anderen Dirnen sich aufmachten und der entlegenen Kirche zueilten, sagte sie: „Ei, das wäre mir leid um die Zeit! Die Stunden, die ihr auf dem Wege zur Kirche zubringt, kann ich beim Rocken verwenden.“ Das war nun wohl keine fromme Rede; denn der Himmel selbst will ja, dass der Mensch sechs Tage in der Woche arbeite, am siebenten aber ruhe. Zudem tat sie das nicht aus Liebe zur Arbeit, sondern aus Habsucht, weil es sie verdross, eine arme Dirne zu heißen, und weil sie um jeden Preis reich werden wollte. Gar oft warnten sie die Nachbarn und hielten ihr vor, dass es eine Sünde sei, den Tag des Herrn zu entweihen, und dass es nicht fromme, wenn man die ganze Welt besäße, an seiner Seele aber Schaden litte. Allein die Dirne hatte für Ermahnungen und Zurechtweisungen kein Ohr, sondern wies sie trotzig zurück und sagte einmal: „Sagt, was ihr wollt; ich aber sage: Warum hat mir's der liebe Gott so sauer gemacht, mir einen Brautschatz zu erwerben? Warum hat er mir nicht Geld und Gut gegeben wie anderen Dirnen? Aber ich will ihm zeigen, dass ich nicht anstehe auf seine Gnade. Mir selber will ich's zu danken haben, was mir im Leben weiterhelfen soll; darum will ich Tag und Nacht am Rocken sitzen und spinnen, und sollt' ich so lange spinnen, bis von Mariazell der letzte Wallfahrer gekommen ist!“

Der Himmel selbst will ja, dass der Mensch sechs Tage in der Woche arbeite, am siebenten ruhe.

Diese übermütigen Worte waren nicht in den Wind gesprochen. An einem stürmischen Wintersonnentage, während die frommen Gemeindemitglieder in der Kirche waren und die habsüchtige Spinnerin eben wieder zu Hause saß und, der Andacht ihrer Nachbarinnen spottend, ihr Rädchen drehte, brauste ein wilder Orkan daher, zerschellte die Hütte, worin sie hauste, fasste sie samt ihrem Rade, trug sie im Wirbel fort und setzte sie auf einem hohen Felsen ab, wo sie zur Strafe für ihre Gotteslästerung und unheilige Geldgier zu Stein erstarrte. Wohl hörten die Leute in der Kirche das dumpfe Brausen; allein sie ließen sich in ihrer Andacht nicht stören, sondern dankten vielmehr Gott, dass sie innerhalb der Wände ihres Tempels vor dem Unwetter geschützt waren.

Als aber der Sturm sich gelegt hatte und sie heimkehrten und an der Stelle vorüberkamen, wo vor einer Stunde noch das Hüttchen der Spinnerin gestanden, da erblickten sie mit Schaudern das Gräuel der Verwüstung und starrten sprachlos zu dem Felsen empor, auf dem die Dirne nun samt ihrem Spinnrade als Warnung für Kindeskinder saß.

Und so sitzt sie noch immer dort. Wohl hat die Zeit die Umrisse der Gestalt schon undeutlicher gemacht, aber das Rad ist noch zu erkennen, und das Auge dessen, der die Sage kennt, findet auch bald die Spinnerin heraus. Noch immer pilgern die frommen Wallfahrer nach dem Gnadenorte Mariazell und die Spinnerin wird lange sitzen müssen, wenn die Stunde der Erlösung nicht eher schlagen soll, als bis von Mariazell der letzte Wallfahrer heimkehrt.

Die Spinnerin wird lange sitzen müssen, wenn die Stunde der Erlösung nicht eher schlagen soll, als bis von Mariazell der letzte Wallfahrer heimkehrt.

Der Knabe und das Bergmännchen

Unweit von Gollrad saß auf einem großen Steinblocke ein hübscher, munterer Knabe und hütete Schafe. Er war der Sohn eines armen, aber fleißigen Bergmannes, der tief unten in einem Stollen arbeitete, um für sich und die Seinen den nötigen Lebensunterhalt zu verdienen. Der Knabe saß sinnend auf dem harten Gestein und dachte, wie sein Vater und die anderen Arbeiter sich abmühen mussten, um in der dunklen Grube das Erz von den Wänden loszuschlagen; er dachte an die Wohltätigkeit und den Nutzen, den dieses Metall gewähre, und dachte auch daran, wie lange wohl die Ergiebigkeit dieser Erzlager noch anhalten werden. Er dachte auch nach, was ihm der Vater von den Bergmännlein erzählt hatte, und dass nur diese wüssten, was das Kreuz in den Nüssen und der Karfunkelstein zu bedeuten hätten. Während er darüber nachgrübelte, stand plötzlich ein kleines Männlein vor ihm; es hatte ein braunes Kapuzenröckchen an und trug einen langen, weißen Bart, welcher ihm bis zu den Knien reichte. Dasselbe betrachtete mit vergnügtem Kopfnicken den Knaben und sprach: „Du gefällst mir Kleiner! Du bist von braven fleißigen Eltern und selbst auch brav und folgsam, ich will dir sagen, was du gerne zu wissen wünschst. Frage mich also!“ Der Knabe hatte das Männchen erstaunt angesehen; er fasste sich ein Herz und fragte das Männchen um das, woran er selber früher gedacht hatte, nämlich um die Bedeutung des Kreuzes in den Nüssen und was für Bewandtnis es mit dem Karfunkelstein habe. Diese sonderbaren Fragen aber machten das kleine Männchen ein wenig verlegen, es schien, als ob es gerade diese Fragen nicht erwartet hätte. Endlich sagte es zu dem Knaben: „Gut, ich will dir deine Fragen beantworten. Weil aber dann damit gleich ein kostbares Geheimnis preisgegeben wird, welches eigentlich keines Sterblichen Ohres berühren sollte, so muss ich vorerst wissen, ob du auch dessen vollkommen würdig bist. Mache mir einen Schemel aus sieben Nadelholzarten! In sieben Tagen und sieben Stunden werde ich hier wieder erscheinen, und wenn du bis dahin die Arbeit zu meiner Zufriedenheit voll-

Er dachte nach, was das Kreuz in den Nüssen und der Karfunkelstein zu bedeuten hätten.

endet hast, erfährst du von mir die Bedeutung des Kreuzes in den Nüssen und des Karfunkelsteines. Aber merke dir, der Schemel muss aus sämtlichen sieben und nicht weniger Nadelholzarten gemacht sein, sonst ist alles vergebens!" Nach diesen Worten verschwand das Männchen plötzlich vor den Blicken des erstaunten Knaben. Der Knabe suchte nun emsig nach den sieben Nadelholzarten, konnte aber nur deren sechs finden, nämlich die Fichte, die Tanne, die Lärche, die Legföhre, die normale Föhre und die Zirbelkiefer. „Es gibt ja nur sechs Nadelholzarten! Da wird sich wohl das gute Bergmännchen versprochen haben", dachte sich der Knabe und arbeitete nun fleißig mit dem gesammelten Holze der sechs erwähnten Baumarten an dem Schemel. Endlich war dieser fertig und wurde von allen, die ihn sahen, seiner zierlichen und kunstvollen Arbeit wegen gelobt.

Am bestimmten Tage und zur bestimmten Stunde begab sich der Knabe zur bewussten Stelle, wo er das erste Mal den Berggeist erblickt hatte. Er war sehr vergnügt, denn er glaubte, den Willen desselben erfüllt zu haben, und hoffte daher, über seine Fragen Aufschluss zu erhalten. Er brauchte nicht lange zu warten, so stand plötzlich das Männchen vor ihm. Es lobte die zierliche und kunstvolle Arbeit, sagte aber dann: „Ich habe dir gesagt, der Schemel muss aus sieben Nadelholzarten gemacht sein, finde aber hier deren nur sechs. Die siebente Gattung, die Eibe, hast du vergessen! Nun kann und darf ich dir die gewünschten Antworten nicht geben. Doch lass dich's nicht so sehr gereuen, du wirst, wenn du groß geworden bist und dich brav hältst, belohnt werden und den übrigen Bergleuten einen gleich großen Nutzen bereiten, als wenn du das Geheimnis des Kreuzes in den Nüssen und des Karfunkelsteins erfahren hättest."

Hierauf verschwand das Männchen wieder. Der Knabe, obwohl es ihm leid war, das Geheimnis nicht erfahren zu haben, nahm sich jedoch dies nicht arg zu Herzen, hatte ihn doch das Männchen damit getröstet, er werde seinerseits seinen Mitarbeitern im Bergwerke einen ebenfalls wichtigen Dienst erweisen. Und so war es auch. Der Knabe war herangewachsen und ein emsiger und tüchtiger Bergknappe geworden. Als nun der Bergbau in Gollrad und Umgebung ins Stocken geriet und man allgemein befürchtete, die Werke auflassen zu müssen, fand er im Elisabethstollen mitten unter taubem

Gestein eine gediegene Erzstufe. Er schlug sie auseinander und gewahrte zu seinem Erstaunen auf der inneren Fläche, durch die Schattierungen der Farben des Felsens dargestellt, ganz deutlich das Bild der heiligen Maria mit dem Jesuskinde auf dem Arm. Er zeigte diese Wunderstufe seinem nebenstehenden Kameraden, und beide eilten nun damit zum Hutmann. Dieser überbrachte die Kunde den bereits mutlos gewordenen Berggewerken. Diese sahen hierin den Beweis eines höheren Schutzes für ihren Bergbau und begannen mit großer Zuversicht denselben fortzutreiben. Der neue Stollen wurde Maria-Zubau-Stollen genannt. So hat sich des Bergmännchens prophetischer Ausspruch bewahrheitet. Über das Kreuz in den Nüssen und den Karfunkelstein wissen die Bergleute bis zur Stunde nichts Bestimmtes. Der Karfunkelstein könnte, weil hellstrahlend, den Bergmännern in den dunklen Schächten für immerwährende Zeiten ein natürliches und wohlfeiles Grubenlicht abgeben.

Das Brot des Bergfräuleins

Ein Bergfräulein vom Hochschwab schenkte einmal einem armen Hirten aus Mitleid ein Laibchen Brot und sagte ihm, er werde von nun an immer genug Brot haben; er dürfe aber keinem anderen etwas davon geben. Wenn das Brot zu Ende gehe, müsse er immer ein Scherzlein übrig lassen, es werde dann wieder ein ganzes Brot daraus werden. Der Hirte versprach, alles genau zu befolgen, was ihm das Fräulein aufgetragen hatte. Als er sah, dass aus dem letzten Scherzlein immer wieder ein schöner Laib wurde, war er ganz glücklich und dankte Gott, dass er jetzt keinen Hunger mehr zu leiden brauchte.

Wenn das Brot zu Ende gehe, müsse er ein Scherzlein übrig lassen, es werde dann wieder ein ganzes Brot daraus werden.

Wie nun eines Tages das Brot gerade wieder zu Ende ging, kam ein Knecht von einem anderen Bauernhof zu ihm und bat ihn um einen Bissen Brot, er

Blick auf Gemeindealpe

habe einen schrecklichen Hunger. Jetzt war guter Rat teuer. Von dem Geheimnis etwas zu sagen, das ging nicht, und den Knecht abweisen und ihm nicht einmal ein Stück Brot gönnen, das kam ihm noch schwerer an. So gab er denn mit einem begreiflichen Widerwillen und nachdem er sich's eine Weile überlegt hatte, ein Stück von dem Brot her. Das übrig gebliebene Scherzlein wurde aber nicht mehr ganz und jetzt war es mit der wunderbaren Kraft des Laibchens für immer zu Ende.

Das Rasenkreuz in Weichselboden

Am Fuß des Hochschwabs liegt ein von hohen, steil abfallenden Bergen umschlossener Gebirgskessel, der Weichselboden, der durch seine wilde Naturschönheit bekannt ist. Regen und Tauwetter schwemmen alljährlich Unmassen von Gestein und Geröll zu Tal, sodass der Talboden sich von Jahr zu Jahr zu verkleinern scheint. Der höchste der umliegenden Berge ist der Hochschwab, von dem sich ein niedriger Vorberg, der Hochedel, gegen das Tal hin erstreckt. Auf dieser Voralpe breitet sich eine ebene, völlig kahle Fläche aus, die nur an einer Stelle mit dem saftigsten Grün in Form eines Kreuzes bewachsen ist.

Vor vielen Jahren lebte in Weichselboden ein Bauer, der als der wohlhabendste in der ganzen Gegend galt. Er nannte ausgedehnte Waldungen und saftige Almen sein eigen, seine Ställe enthielten das schönste Vieh weit und breit und auf seiner Holzschwemme förderte er alljährlich viele Tausend

Stämme Holz die Salza hinunter, die manchen glänzenden Taler ins Haus brachten. Die Schränke seiner Frau waren vollgepfropft mit dem schönsten Linnen, gar manches kostbare Schmuckstück erglänzte am Hals der stolzen Großbäuerin, wenn sie sonntags mit ihrem behäbigen Gatten zur Kirche fuhr. Man munkelte auch von einer großen Truhe voll blinkender Gold- und Silbermünzen, die unter dem breiten Bett in der Schlafstube des Bauern stehen solle. Was der Talbauer, wie der Hausname war, anfasste, das glückte ihm. So lebte er viele Jahre froh und glücklich mit den Seinen, bis eines Tages das Unglück hereinbrach. Das Hochwasser, das alljährlich zum Schwemmen des Holzes diente, blieb aus, das zum Abschwemmen geschlagene Holz verfaulte in den Wäldern, eine böse Seuche raffte einen großen Teil des Viehbestandes hinweg, und so traf den Bauern Schlag auf Schlag; die Taler rollten aus dem Haus, Schulden hielten ihren Einzug, bis er endlich als armer Mann Haus und Hof verlassen musste. In seiner Verzweiflung wandte er sich an den Teufel, der im Frühjahr auf dem Hochedel sein Unwesen trieb. Der Teufel kam, und der Bauer schloss mit ihm seinen Handel ab. Er sollte so viel Geld erhalten, als er brauchte, um seine Wirtschaft wieder zu erwerben und zur Blüte zu bringen. Dafür wollte der Teufel nach einem Jahr auf dem Hochedel die Seele des Bauern holen; doch stellte dieser die Bedingung, dass der Teufel sie nur dann bekomme, wenn er das heben könne, was der Bauer mitbringe. Dies schien dem Satan annehmbar; er gab dem Bauern zehntausend Taler und verschwand, seiner Sache sicher.

Brunnen in Weichselboden

Vergnügt entfernte sich der Bauer, ließ das Geld durch den Pfarrer segnen, damit es sich nicht am Ende zu Kohle verwandle, und war binnen Jahresfrist wieder der reiche Talbauer. Der Jahrestag, an dem der Teufel seine Schuld einfordern wollte, rückte immer näher heran. Doch der Bauer bewahrte Ruhe. Er ließ ein großes hölzernes Kreuz zimmern, nahm es auf die Schultern und begab sich damit getrost auf den Hochedel. Grinsend erschien der Teufel und wollte ihn sogleich mit sich nehmen, aber lächelnd sagte der Bauer: „Hoho, erst musst du die Bedingung erfüllen. Heb einmal das auf, was ich da mitgebracht habe." Als der Teufel das Kreuz erblickte, fuhr er wie vom Blitz getroffen zurück; denn das Kreuz ist für den Höllischen eine Qual, und er darf es nicht berühren. Voll Wut darüber, dass ihn sein Opfer überlistet hatte und ihm die sicher scheinende Beute entgangen war, fuhr er heulend über die Felsen hinab und davon.

Als der Teufel das Kreuz erblickte, fuhr er wie vom Blitz getroffen zurück; denn das Kreuz ist für den Höllischen eine Qual, und er darf es nicht berühren.

Als der Bauer sein Kreuz aufnehmen wollte, war es nirgends zu sehen.

Dafür prangte auf dem kahlen Felsen, an jener Stelle, wo er es niedergelegt hatte, ein anderes Kreuz, vom schönsten, saftigsten Rasen gebildet, und dieses ist auch heute noch zu sehen. Fröhlich kehrte der Bauer zu den Seinen zurück und lebte noch viele Jahre glücklich und zufrieden.

Der Teufel hingegen kann sich in seiner Wut, um sein Opfer gekommen zu sein, nicht genug tun und versucht jedes Jahr zu Frühlingsbeginn, das Geröll von den Bergen ins Tal hinunterzustürzen und den Weichselboden zu zerstören.

Die Wetterliese und das Wetterloch

Vor langer Zeit lebte im hintersten Talschluss der Ötschergräben eine Kräutersammlerin, welche sie Liese nannten. Wenn jemand erkrankte, dann holte man rasch die Alte und ihre Heilmittel bewirkten oft wahre Wunder. Eines Tages fand das Kräuterweiblein im steilen Bergwald eine silberne Gürtelschnalle, welche ganz seltsam geformt war. Kurz darauf erblickte sie ein kleines Männlein, das ungeduldig den Boden absuchte. „Gold und Edelstein haben ich und meine Brüder genug, aber ohne meine Gürtelschnalle kann ich nicht mehr zurück in den Berg und bin verloren!" Da reichte ihm die Liese das verlorene Kleinod und kaum hatte sie das Männchen am Gürtel befestigt, war es auch schon unsichtbar. Seine Stimme aber erwiderte: „Ich will dich jetzt hinauf ins Zwergenreich führen, denn deine Freundlichkeit soll belohnt werden." Unterhalb der gebänderten Felsen des Rauhen Kammes angekommen, sammelte das Männlein kleine Steine vom Boden auf und kicherte: „Pass gut auf, dann weißt du, wie man Regen macht!" Dann warf er geschickt die Steine in den finstern Höhleneingang zu ihren Füßen und murmelte den Zauberspruch: „Dunst ist die Welle, Staub ist die Quelle, leer sind die Wälder, trocken die Felder; komm doch oh Regen, spende deinen Segen."

Kaum hatte er die letzten Worte ausgesprochen, da umzogen graue Nebel das Bergloch und es formten sich dicke Wolken, woraus bald ein kräftiger Regenschauer niederging. Das Zwergenmännchen aber sagte: „Nun kannst du Regen machen, bist fortan die Wetterliese und diese Höhle ist das Wetterloch." Als die Liese nach Hause kam, erzählte sie den Leuten von ihrem Erlebnis. Da schimpften sie das alte Weiblein als Hexe und duldeten sie nicht länger unter ihnen. Also zog die Wetterliese traurig und verbittert hinauf in den einsamen Ötscherwald und führte dort ein elendes Dasein. Nun wohnte im Hinterötscher auch ein Bauer und Holzknecht namens Veit mit seiner Familie. Da kam einmal ein heißer, trockener Sommer

„Nun kannst du Regen machen, bist fortan die Wetterliese und diese Höhle ist das Wetterloch."

übers Land. Die Wiesen wurden braun wie im Herbst und das Vieh brüllte vor Durst. Veit wollte bei Bekannten Rat und Hilfe einholen und schritt eilends dem Riffelsattel zu. Plötzlich hörte er ein leises Stöhnen und fand abseits des Weges ein altes Weiblein: „Hilf mir!“, bat es. „Ich habe mir den Fuß verrenkt und liege seit Stunden hier. Wenn du nicht gekommen wärst, hätte ich verhungern und verdursten müssen.“ Da gab Veit ihr zunächst von seiner Jause und trug sie dann auf seinen starken Armen nach Hause zurück. Bald war die Liese wieder schmerzfrei. Sie dankte es den freundlichen Leuten und sprach: „Veit, du hast dich meiner angenommen, obwohl viele sagen, dass ich eine Hexe bin. Jetzt brauchst du dringend Regen und ich will dich das Regenmachen lehren.“ Gemeinsam stiegen sie zum Wetterloch empor und bald fiel der erlösende Regen auf die verbrannte Erde.

Der Teufel auf der Alm

Der Sage nach ist das Innere des Ötschers voll mit Teufeln. Da wollte der größte Teufel eines Tages das Gejammer der Seelen und den Streit der Teufel nicht mitansehen und er entschloss sich, auf die Erde zu wandern, um Seelen zu fangen. Zu diesem Zwecke verkleidete er sich als Jäger. Er knickte Blumen ab, riss den Schmetterlingen die Flügel aus und schoss mit seinen Zauberkugeln den Gämsen die Füße ab. Da kam er zu einer Almhütte. Während die Sennerin melken ging, wollte er in die Küche. Als er aber im Winkel das Heiligenbild sah, riss es ihn zornig zurück. Vor dem Hause setzte er sich nieder. Dort wies die Sennerin dreimal hintereinander die wertvollen Sachen des Teufels zurück. Voll Zorn zog er sich auf den Ötscher zurück. Er überlegte, wie er nur dem Mädchen schaden könnte. So brach er mit seinen Händen riesige Felsblöcke vom Ötscher und ließ sie ins Tal. Die Stelle des Ötschers, wo der Teufel die Felsblöcke herausgerissen hatte, heißt der „Rauhe Kamm“. Die Sennerin und die Hütte wurden nicht getroffen.

Das Geldloch im Ötscher

Alte Leute wussten zu berichten, dass in früheren Zeiten alljährlich italienische Hausierer, auch als Venedigermandl bekannt, in diese Gegend kamen und zu den Ötscherhöhlen hinaufstiegen. Nach einigen Tagen zogen sie schwer bepackt wieder fort. Der Lackenhofer Holzknecht Anton Amerer erzählte um 1850 Folgendes: „Als ich noch ein kleiner Bub war, nächtigte öfters ein Mann bei uns, den sie den Welischen nannten. Er hatte nur einen Ranzen bei sich. Am nächsten Morgen ging er geradewegs zum Geldloch hinauf und kam erst wieder am dritten Tag herunter; stets mit prallgefülltem Rucksack. Was er darinnen verbarg, haben wir nie erfahren können. Als er wieder einmal im Geldloch oben war und bereits acht Tage verstrichen sind, machten wir uns besorgt auf die Suche nach ihm. Vor dem Höhleneingang angekommen, fanden wir seinen vergilbten Hut auf einem Stein liegen. Vom rätselhaften Höhlengänger hat man nie mehr etwas gefunden."

Frau Gula und die Ötscherhöhlen

Als Tatarenvölker sengend und brennend auch das Ötscherland überfielen, hat sich eine reiche Witwe namens Gula mit ihren ungeheuren Schätzen in die Ötscherhöhlen geflüchtet. Im Taubenloch wohnte sie, im Geldloch verwahrte sie ihre Schätze. Gula hatte auch einen Sohn mit Namen Aenotherus. Dieser wuchs in der herrlichen Gebirgsluft zu einem starken Manne heran und wurde zum Hüter der Grenze zwischen den Herzogtümern Österreich und Steiermark. Dabei verstand er es, sich in verschiedener Gestalt bald hier und dort in seinem Gebiet zu zeigen. Aenotherus stand auch tapfer an der Seite seines Landgrafen, als es galt, den Feind aus dem Land zu vertreiben. Als Frau Gula später verstarb, blieben ihre Schätze oben in den

Als Frau Gula später verstarb, blieben ihre Schätze oben in den Ötscherhöhlen liegen.

Ötscherhöhlen liegen. In anderer Weise erzählt man sich, dass Frau Gula bei Bedrohung durch den Feind zuerst alle Wertsachen wegschaffen ließ, anstatt die Verteidigung ihres Anwesens zu veranlassen. Gold- und Silbergefäße wurden in Kisten gepackt, und die Knechte mussten die schweren Lasten zu den Ötscherhöhlen schleppen. Als sie zurückkamen, fanden sie nur mehr eine riesige Brandstätte vor. Also wollten sie wieder die Schätze holen, doch erschrocken berichteten sie: „Auf den Kisten sitzen Kobolde und bevor man an den Schatz herankommt, sinkt alles langsam in die Tiefe". Für Frau Gula war es die verdiente Strafe, weil sie ihr Gold mehr liebte als die Heimat.

Der Rotsohler

Auf der Hohen Veitsch liegt schweres Gewölk, über der Rotsohl jagt kalter Sturmwind, wirft sich ins Tal, pfeift um die Häuser und rüttelt an den Fensterläden, dass die Kinder sich gerne um den warmen Kachelofen drängen und heimlich tuschelnd vom Rotsohler erzählen, der nicht mehr lange ausbleiben kann. Es ist der alte Krampus, auf den sie sich schon freuen und sich doch auch fürchten, denn schließlich nehmen sie Mutters Drohung vom Rotsohler, der sie holen wird, wenn sie nicht brav folgen, doch zum Teil sehr ernst. Eine gefährliche Zeit jetzt im Spätherbst! Im Sommer freilich ist man sicher vor ihm, da ist ja die Schwaigerin oben auf der Rotsohl und hat den sich unbändig Gebärdenden an einer Kette hinter der Sennhütte angehängt. Und wenn er gar zu sehr tobt und daran reißt und schon hinunter will ins Tal, da gib sie ihm eine Schüssel Milch und er kommt wieder zur Ruhe. Ist aber der Herbst gekommen und nimmt die Sennerin Abschied von der Alm, so gibt sie ihm noch die letzte Schüssel Milch; dann aber hat der Rotsohler keine Ruhe mehr. Er wird ganz toll und reißt so lange an der Kette, bis er frei ist, und stürmt ins Tal, ein Schrecken für alle schlimmen Kinder.

Er wird ganz toll und reißt so lange an der Kette, bis er frei ist.

Es ist nicht schwer, im Rotsohler den kalten Nordwind zu erkennen, der im Sommer gebändigt liegt, im Winter aber mit ungeheurer Wucht von der Hohen Veitsch in die Täler stürzt und Anlass zur Krampussage in dieser für die Veitscher und Mariazeller Gegend überlieferten Form gegeben hat.

Krampuslauf in Mariazell

Die Habergeiß

Ein übermütiger Bursche im Obertal ging einmal spät nachts von der Gastwirtschaft nach Hause. Um sich die lange Zeit zu vertreiben, rief er allerhand Unsinn und Dummheiten in die stille Nacht hinein und bedachte nicht, dass er dadurch den Schlaf der Tiere stören könnte. Aufmerksam lauschte er seinem Echo und umso mehr er grölte, umso stärker war sein Echo im ruhigen Wald. Das reichte ihm nicht und so begann er Tierstimmen nachzuahmen. Als er schließlich lautstark wie eine Ziege meckerte, tönte genau derselbe Ruf aus dem Wald zurück. In der Meinung er, höre sein eigenes Echo, wiederholte er das Meckern. Abermals ertönte ein noch intensiveres Meckern aus dem Wald. Als er jedoch das dritte Mal meckerte, raschelte es im Gebüsch und ein gespenstisches Tier mit einem riesigen Ziegenkopf und einem Vogelleib auf drei Beinen stürzte aus dem Wald. Die dreibeinige Gestalt fiel derart über den verdutzten Burschen her, dass dieser ganz zerschlagen heimkam. Es war die Habergeiß. Darum hüte sich jeder, sie aus dem Wald zu locken. Eine weitere Sage erzählt, dass die Hobagoaß mit Meckern warnt, wenn sich junge Mädchen auf dunklen Waldpfaden zum Stelldichein mit ihrem Liebsten einfinden, um über sie zu richten, wenn sie dreimal den gleichen Fehler begangen haben.

Des Teufels Brücke

Vor langer Zeit erschien der Teufel jedes Jahr zur Sonnenwende am schmalen Felsgrat oberhalb von Wegscheid. Er lockte die jungen Bauern und Knechte aus der Umgebung mit einer Wette.

Wer sich über den schmalen Fels wagte und das andere Ende erreichte, dem versprach er immerwährenden Reichtum. Wer jedoch in die Tiefe stürzte, der fiel direkt in die Hölle und musste dem Teufel auf ewig dienen. Jahr für Jahr holte sich so der Teufel Seelen aus der Umgebung. Bis eines Tages ein junger Knappe aus dem nahen Bergbau sich anschickte, mit dem Teufel zu wetten. Der Teufel schlug ein. Um sich den Sieg zu sichern, ließ er es regnen und stürmen. Der Knappe jedoch hatte sich seine Schuhsohlen mit eisernen Dornen beschlagen und fand so genug Halt, um über den Felsgrat zu gelangen. Der Teufel, außer sich vor Zorn, schlug seinen Kopf mit solcher Wucht gegen den Felsen, dass in diesem ein Loch entstand. Der Knappe ging siegreich und wohlhabend nach Hause. Noch von Weitem konnte er das Loch im Felsen sehen. Das Loch unter des Teufels Brücke.

Glaube und Begegnung

Die Menschen sind von jeher Naturgewalten, Krankheiten und Gewalt oftmals schutzlos ausgeliefert. Die Religion verspricht Beistand, Hoffnung und Linderung. Der Zugang zur Bibel war den Gläubigen, die zumeist weder lesen noch schreiben konnten, verwehrt. Der Glaube an Gott allein genügte ihnen jedoch nicht. Der Glaube verlangt nach Substanziellem, Greifbarem und mehr. Anschaulich verhält sich das Christentum in Messfeiern sowie bei religiösen Riten und Bräuchen. Konkret wird Gottes Kraft in den Wundern der großen Heiligen und Visionen. Mariazell hat das bedeutendste mitteleuropäische Marienheiligtum. Die Geschichte der Mariazeller Wallfahrt ist beinahe so alt, wie der Ort selbst. Es ist eine sehr lange Geschichte der Wunder und wundersamen Heilungen, die in unzähligen Mirakelbüchern penibel aufgezeichnet wurden. Die Betrachtung der außergewöhnlichen Votivgaben und der vielen gestifteten Kunstwerke der Regenten und des Adels in Kirche und Schatzkammer dauert einige Tage. Millionen von Wallfahrern sind auf den alten Pilgerwegen nach Mariazell gegangen und später gefahren. Heute gehen die Pilger wieder, denn auch der Weg zum Heiligtum ist bedeutsam, nicht nur das Heiligtum selbst. Bereits auf den ausreichend beschilderten Wegen nach Mariazell erbitten die Menschen Ablass, Schutz und Beistand. Die Pilgerreise eröffnet den Menschen neue Räume der Begegnung mit sich selbst. Ebenso mit anderen Menschen, sei es, um die besonderen Erfahrungen auszutauschen oder sich gemeinsam der Natur zu erfreuen. Bereits um das Jahr 1500 kamen aus etlichen Teilen Europas die Menschen nach Mariazell, um die Gnadenmutter zu verehren. In dieser suchen sie nicht nur das Mütterliche, sondern erbitten auch von ihr im Gebet die immerwährende Hilfe in allen Lebenslagen. Die Nähe zu Wien kommt Mariazell sehr gelegen, ebenso die enge Beziehung zu und Förderung durch die Habsburger. Der Abbau und schließlich der Fall des Eisernen Vorhanges ermöglicht es den Pilgern aus den ehemaligen Ostblockstaaten wieder nach Mariazell zu kommen. Der Bildhauer Carl Hermann führte im Jahre 1980 das System der 06-Wanderwege ein (Wien, Niederösterreich, Burgenland, Salzburg, Oberösterreich, Kärnten und Steiermark).

Die Pilgerreise eröffnet den Menschen neue Räume der Begegnung mit sich selbst.

Zu den bekanntesten Pilgerwegen nach Mariazell zählen die „Via Sacra“ (Heilige Straße) sowie der Mariazeller Gründerweg und der Rosenkranzweg. Eigene Reiseführer und der Mariazellerland-Blog geben ausreichend Auskunft über diese Möglichkeiten. Die Apotheke „Zur Gnadenmutter“ lebt eine jahrhundertalte Tradition des Pilgerns und der Heilung von Körper, Geist und Seele. Entlang des schönen Sebastiani-Rosenkranzweges, der sich im letzten Teilstück der „Via Sacra“ befindet, stehen an den einzelnen Kreuzwegstationen kleine Kräutergärten, die nach altem Brauch angelegt sind. Diese bestens gepflegten Gärten beinhalten bekannte, heimische Heilpflanzen und bei geführten Wanderungen erfahren die Besucher viel Interessantes über die Wirkung und Anwendung von Heilkräutern. Zum Abschluss führt der Weg über den Kalvarienberg zur Apotheke und Drogerie „Zur Gnadenmutter“.

Station an der Via Sacra, Hintergrund Gemeindealpe

Den Weg der „Via Sacra“ säumen etliche Kulturdenkmäler, Prachtbauten wie das Stift Heiligenkreuz oder das Stift Lilienfeld, die Basilika Klein-Mariazell sowie die Wallfahrtskirche Annaberg. Dazwischen befinden sich zahlreiche kleine Bildstöcke, Kirchen und Kapellen. Schon in frühen Jahren versorgten auf Pilger spezialisierte Wirtshäuser die Gläubigen. Heute gibt es sogar zertifizierte „Via Sacra-Gastgeber“ zum Einkehren und Übernachten für die Pilger.

Auf dem letzten Stück der „Via Sacra“ wird von den Wallfahrern der Rosenkranz gebetet. Der Rosenkranzweg, unter Abt Benedikt Pierin Mitte des 17. Jahrhunderts errichtet, führt von St. Sebastian bis zur Basilika in Mariazell. Im Jahre 1846 wurden die damals bereits 200 Jahre alten 15 Bildstöcke von Gräfin Antonia von Bathyani erstmals renoviert und in den Jahren zwischen 1975 und 1980 abermals. Dabei wurden die verwitterten Bildtafeln durch moderne Terrakotta-Reliefs ersetzt.

Die Schatzkammern der Basilika

In der Basilika, über der Sakristei und der Sakramentskapelle, befinden sich die Nord- und Südschatzkammern sowie Galerien und eine Westempore, in denen Votivbilder, Votivgaben und Mirakelbilder aus den verschiedenen Jahrhunderten aufbewahrt und präsentiert werden. Es handelt sich um wertvolle Opfergaben, welche der Gottesmutter im Laufe der Jahrhunderte von den Gläubigen dargebracht wurden. Die heutige Sammlung besteht aus ca. 3.200 Votivgaben, diese stellen jedoch nur einen Bruchteil dessen dar, was im Laufe der Jahrhunderte gespendet wurde, denn auf staatliche Anordnung mussten immer wieder wertvolle Stücke eingeschmolzen werden. Die Form des Schatzkammeraltars im Zentrum der Kapelle erinnert an die Kriegszeit König Ludwigs von Ungarn, wie auch auf dem Gemälde über der Eingangstüre zu sehen ist. Das silberne Antependium war ursprünglich eine Gabe von Kaiserin Maria Theresia aus dem Jahre 1769. Es zeigte den Stammbaum des Hauses Habsburg-Lothringen mit Porträtmedaillons. Im Zuge einer staatlich verordneten Silberablieferung zur Finanzierung der Franzosenkriege wurde das Antependium 1794 eingeschmolzen. Neun Jahre später vom

Schatzkammernaltar

Wiener Goldschmied Joseph Würth im Auftrag von Königin Maria Carolina von Neapel-Sizilien, einer Tochter Maria Theresias, nach dem alten Vorbild erneuert. Dem Stammbaum wurden die Medaillons der königlich-neapolitanischen Dynastie hinzugefügt. Ganz aus Silber waren ursprünglich auch das Tabernakel und der Baldachin über dem Schatzkammerbild.

Die Stuckaturen der Schatzkammer von 1666 stammen von Giovanni Rocco Bertoletti, die Deckenfresken aus derselben Zeit von Giovanni Battista Colomba. Sie zeigen Szenen aus dem Leben Marias. Anlässlich des 400-Jahr-Jubiläums des Schatzkammerbildes im Jahr 1764 wurde beim Aufgang zur Schatzkammer an der Nordseite des Kuppelraumes ein hölzerner Triumphbogen errichtet, er befindet sich heute in etwas veränderter Form am Eingang der Nordschatzkammer.

Das Schatzkammerbild ist das neben der Gnadenstatue meistverehrte Gnadenbild von Mariazell. Das Bild wird dem Sieneser Künstler Andrea Vanni um 1360 zugeschrieben. Es ist in Tempera auf Holz gemalt und erinnert in der Behandlung an die altitalienische Schule des Giotto. Den Grund des Gemäldes bildet eine blaue Emailplatte mit goldenen Linien. Der Altar ist in Form eines Zeltes gebaut, als Symbol, dass König Ludwig das hier aufgestellte Marienbild auch im Krieg stets bei sich hatte. An der rechten Seitenwand sind die Porträts der Familie Kaiser Franz' II., während auf der linken Seite jene der Familie des Großherzogs von Toskana abgebildet sind. Die zwei Armleuchter auf dem Altar wurden 1850 von Dom Miguel, Kronprätendenten von Portugal, geopfert. Die vier silbernen Engelfiguren gehören auf die Tragstangen des von der Kirche 1747 angeschafften kostbaren Baldachins. An der Wand des Altares sind zwei kostbare Reliquientafeln mit vielen Perlen und einigen Edelsteinen in Form eines Doppeladlers: eine Widmung des Barons Rechbar, O.S.B.

Der Altar ist in Form eines Zeltes gebaut, als Symbol, dass König Ludwig das hier aufgestellte Marienbild auch im Krieg bei sich hatte.

In der Fensternische sind mehrere große Jerusalem-Rosenkränze und ein hölzernes Herz. Die Sage erzählt darüber: Ein hierher pilgerndes Mädchen fiel in die Hände von Räubern; man nahm ihr das Herz heraus, trotzdem konnte sie noch hierherkommen und opferte dann hier dieses Herz. Wahr dürfte sein, dass das schwer verletzte Mädchen noch so viele Kräfte hatte, um nach Mariazell zu kommen und ihre Armut erlaubte ihr kein kostbareres Opfer als jenes Holzherz. Zwei große Schreine seitlich des Altars beinhalten die Reliquien der Katakombenheiligen Eleutherius und Cyrillus. Abt Benedikt Pierin erhielt sie 1650 als Geschenk von Papst Innozenz X. und ließ sie mit bereits vorhandenem Renaissance-Emailschmuck und Tausenden Süßwasserperlen aus der Schatzkammer fassen. Zahlreiche Silbervotive, Schmuck, Monstranzen, Kreuze, Rosenkränze und Taufmünzen, aber auch gefasste Nierensteine, verschluckte Gegenstände oder ein Oberschenkelmarknagel werden als Votivgaben in den Vitrinen ausgestellt. In den Laden der Schatzkammerkästen werden die Liebfrauenkleider für die Gnadenstatue aufbewahrt. Die Deckenfresken zeigen Szenen aus dem Leben Mariens: Verkündigung, Darbringung im Tempel, Vermählung, Pfingsten, Tod, Krönung, Maria auf der Mondsichel sowie Engel mit Mariensymbolen. Die südseitige „alte" Schatzkammer diente bis 1966 zur Lagerung der gestifteten Messkleider und Ornate und ist der Mutter Gottes als Göttin des Himmels gewidmet.

Zahlreiche Silbervotive, Schmuck, Monstranzen, Kreuze, Rosenkränze und Taufmünzen, aber auch gefasste Nierensteine, verschluckte Gegenstände oder ein Oberschenkelmarknagel werden als Votivgaben in den Vitrinen ausgestellt.

In der Südschatzkammer sind die von Königen und Fürsten gestifteten, besonders kostbaren und wertvollen Gaben zu sehen. Die wertvollsten unter ihnen stammen aus dem eng mit Mariazell verbundenen Hause Habsburg. Die Kammer ist Maria als Himmelsgöttin gewidmet. Neben den Liebfrauenkleidern sind Kronen und Schmuck Ausdruck der Verehrung und Zeichen der besonderen Stellung der Gottesmutter als Königin des Himmels. Die heute in der Schatzkammer aufbewahrten Krönchen entstammen dem 19. und 20. Jahrhundert. Marienkleider, auch Liebfrauenkleider genannt, dienen ebenso seit 1500 zum Schmuck der Gnadenstatue. Derzeit werden um die 150 Liebfrauenkleider und die dazugehörigen Baldachine in der Schatzkammer aufbewahrt. Ab 1786 gab es ein Bekleidungsverbot für die Gnadenstatue, welches erst 1797 mit Erlaubnis von Kaiser Franz II. wieder aufgehoben wurde.

Die Aufgabe der kirchlichen Schatzkammern ist es, „durch das ‚Bergen' das Geweihte zu bewahren und durch das ‚Zur-Schau-Stellen' das Maß an Gottesverehrung und Hingabe bewusst zu machen."

Votivbilder

Peter Rosegger schreibt in seinem Werk „Die Älpler“: „Mariazell in Steiermark ist wohl einer der größten Sammelkästen von Votivtafeln und gibt in dieser wie auch in manch' anderer Beziehung unerschöpflichen Stoff für das Studium des Volkscharakters und insbesondere der Volksreligion.“

Die häufigsten Darstellungen auf Votivbildern schildern die Heilung von Krankheiten und andere Beweggründe der Pilger für ihre Wallfahrt. Die Anzahl der Gemälde mit der Bitte um Gesundheit übertrifft naturgemäß alle anderen Anliegen bei Weitem. Votivgemälde sind meist nach einem dreiteiligen Schema aufgebaut: Der Bildteil stellt in diesem Falle die Krankheitsszene dar. Die gesellschaftliche Stellung der Spender ist an der Kleidung und an der Ausstattung der Räume sehr gut ablesbar. Darunter befindet sich eine Inschrift mit der namentlichen Nennung des Überbringers, also des Votanten, und dem Dank an Maria für die Erhörung der Bitten. Über der Szene schwebt eine Abbildung der Gottesmutter. Die ältesten Votivbilder von Mariazell stammen aus der Barockzeit. Die noch älteren gotischen Tafelbilder, der kleine Mariazeller Wunderaltar von 1512 und der große Mariazeller Wunderaltar von 1520, befinden sich im Landesmuseum Joanneum Graz. Das älteste in Mariazell erhaltene Bild stammt aus dem Jahr 1633. Ab Anfang des 20. Jahrhunderts treten vermehrt Fotos als Grundlage von Votivbildern auf. Einen besonderen Schwerpunkt bilden die Fotografien der Gefallenen beider Weltkriege. Die Basilika bewahrt derzeit etwa 2.500 Votivbilder und hat somit die größte und bedeutendste Sammlung derartiger Bilder in Österreich. Seit dem 20. Jahrhundert werden Gedenkbücher in der Kirche aufgelegt, die es ermöglichen, Anliegen niederzuschreiben, aber auch das Bekritzeln der Bilder und Wände verhindern sollen.

Das älteste in Mariazell erhaltene Bild stammt aus dem Jahr 1633.

Votivbilder,
Schatzkammer

Die Heiligen-Brunn-Kapelle

Die Heiligen-Brunn-Kapelle oder Brunnkirche befindet sich unweit der Basilika und steht neben dem Kreuzweg. Sie stammt in ihrer heutigen Form aus dem Jahr 1711. Der St. Lambrechter Abt Anton Stroz ließ die Kapelle über einer altbekannten Gnadenquelle, die von Einheimischen auch „Nixquelle“ genannt wird, bauen. Das Wasser fließt aus zwei von Engeln gehaltenen Silberkannen in die beiden Marmorbecken links und rechts des Hochaltars. Auf den Fresken sieht man, wie Moses mit seinem Stab aus dem Felsen Wasser schlägt, den Jordanfluss, der einen König heilt, wie Jesus am Teich von Siloa einem Blinden das Augenlicht zurückgibt und Jesus am Jakobsbrunnen. Über allen Wassern schwebt der Geist Gottes, der Heilige Geist. Ein weiterer Auslass befindet sich an der Außenmauer der Kirche, hier hat man Zugang, wenn die Kapelle verschlossen ist, also auch nachts. Von der Brunnkirche und ihrer Quelle sagt die Legende, dass jeder, der in der großen Kirche ohne Erfolg bittet, hier erhört wird. Seit 1619 sind Heilungen, vor allem was Augenleiden betrifft, und andere Wunder überliefert. Durch das jahrzehntelange Eindringen von Wasser wurde die Kapelle in einen bedauernswerten Zustand versetzt. Die Deckenfresken blieben in ihrem originalen Bestand sehr gut erhalten. Die Renovierung der Kapelle dauerte etliche Jahre. In den acht Farbschichten aus circa 300 Jahren finden sich an allen erreichbaren Stellen unzählige Schriftzüge von Gläubigen, die ihre Namen, manchmal Jahreszahlen und Bitten auf die Wände geschrieben haben. Ein Teil davon wurde so belassen und gilt als Fenster in die Vergangenheit. Erwähnenswert sind der 1715 geweihte Altar rund um eine sehr qualitätsvolle, zwischen 1450 und 1475 geschaffene Marienfigur, welche früher auf einer Säule im Freien gestanden haben soll. Eine weitere spätgotische Ma-

rienfigur, die Kaschauer Madonna, stand bis vor einigen Jahrzehnten über dem äußeren Brunnenbecken und befindet sich nun im Stiftsmuseum St. Lambrecht. Die Heiligen-Brunn-Kapelle ist wie die Bruder-Klaus-Kirche am Hubertussee, die Michaelskapelle und die Sigmundsberg-Kapelle sowie die St. Sebastian-Kirche eine Filialkirche zur Basilika.

Gründe zum Pilgern

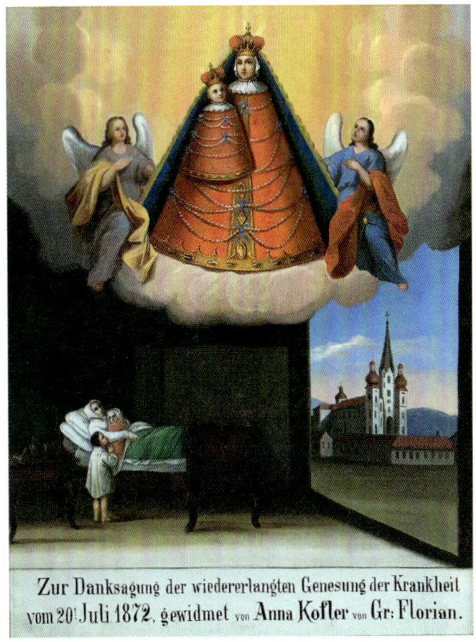

In früheren Zeiten galten als wichtigste Gründe zum Pilgern fast ausschließlich religiöse Motive, wie die Buße für Sünden, die Erfüllung eines Eides oder Gelübdes und im schlimmsten Falle eine Sühne- oder Strafwallfahrt als Ersatz für die Todesstrafe. Später folgten weltliche Beweggründe wie Fernweh, Reiselust und der Wunsch, einzeln oder in Gesellschaft der Enge des Alltags zu entfliehen. Wallfahrtsorte zogen vor allem kranke, verlassene, enttäuschte und hilfesuchende Menschen an. Bereits um das Jahr 1500 kamen aus vielen Teilen Europas Pilger nach Mariazell, um die Gnadenmutter zu verehren oder um Gnade zu erbitten. Im Laufe der Zeit haben sich die Motive jedoch verändert. Die Pilger sind einerseits auf Sinnsuche oder auf Selbstfindung und möchten auf dem Weg zum Gnadenort zur Ruhe kommen und vom Alltag abschalten.

Eine Pilgerreise ist nicht nur mental, sondern auch körperlich eine Herausforderung. So nehmen Jung und Alt auf die Fitness Bedacht und wollen dabei manchmal sogar die Grenzen ausloten. Die Strecken werden gerne in der Gemeinschaft bewältigt, sind frei von Zwängen und festen Regeln. Wenn bei der Wallfahrt Dauer und Anliegen klarer definiert sind, mag beim entspannten Pilgern die Begegnung samt den Erlebnissen auf der Strecke im Vordergrund stehen. „Bewegung ist die beste Medizin für Geist und Körper" ist mitunter ein Motto für die heutigen Pilger im von Stress und Hektik geprägten Alltag. Auf dem Weg sein und dabei die Reise zu sich selbst antreten, stellt dabei den Sinn und das Besondere an der modernen Pilgerbewegung dar. Egal ob zu Fuß oder mit dem Fahrrad oder zu Pferd, kann das Pilgern eine Reise der Seele durch eine vielfältige und attraktive Landschaft mit schönen Wiesen, Wäldern und kleinen Gebirgszügen sein.

Der Tourismusverband Mariazeller Land hat dazu ein eigenes Pilgertagebuch aufgelegt, einen persönlichen Begleiter für Pilger-Reisende nach Mariazell – mit Impulsen, Gebeten, Weginformationen, Karten und Stempelmöglichkeiten. Zusätzlich erlaubt das Pilgertagebuch Einträge zu eigenen Erlebnissen und Empfindungen zu machen.

Die Entstehung von Mariazell

Vor mehreren Hundert Jahren war die Gegend von Mariazell noch eine Wildnis, und die Bewohner waren Heiden. Deshalb schickte der Abt von St. Lambrecht einen frommen Mönch hin, um die Leute zum Christentum zu bekehren. Der Mönch nahm auf die Wanderschaft ein Marienbild mit; viele Tage lang war er schon unterwegs, hatte das Gebirge überstiegen, weite Wälder durchwandert und näherte sich immer mehr dem Ziele. Oft schon war er müde und matt niedergesunken, doch immer wieder raffte er sich auf und wanderte weiter. Aber auf einmal versperrte ein mächtiger Felsen seinen Weg. Nun rief er die Mutter Gottes an und bat um ihre Hilfe. Und siehe da, plötzlich teilte sich der Fels, sprang auseinander, und ein weites Tor entstand. Jetzt konnte der Mönch ungehindert weitergehen. Etwa eine Viertelstunde oberhalb dieses Felsentores erbaute er sich eine kleine Zelle mit einer Kapelle und stellte dort das Marienbild auf. Aus „Maria in der Zelle“ entstand der Name Mariazell und so ist der Sage nach Mariazell entstanden. Ein Felsentor ist noch heute zu sehen und steht an der Straße, nahe bei der Einmündung des Rasingbaches in die Salza. Bald wurde aus der kleinen Kapelle ein großes Gotteshaus.

Und siehe da, plötzlich teilte sich der Fels, sprang auseinander, und ein weites Tor entstand.

Ansichtskarte, 1908

Die Heinrichslegende

Markgraf Heinrich Wladislaw von Mähren und seine Gemahlin Agnes erkrankten zu gleicher Zeit so schwer, dass die Ärzte die Hoffnung auf Genesung aufgaben. In einer Nacht hatten beide den gleichen, gar seltsamen Traum: Sie sahen die Mutter Gottes, wie sie, auf Wolken thronend und von goldenen Lichtstrahlen umgeben, mit der Hand auf eine einfache Kapelle zeigte und dabei sprach. „Suchet diese Kapelle und macht aus ihr ein großes, schönes Gotteshaus!“ Am nächsten Morgen erzählten sie einander den wunderbaren Traum und gelobten, falls sie gesund würden, den Wunsch der Gottesmutter zu erfüllen. Nach diesem feierlichen Gelübde besserte sich ihr Zustand zusehends und bald waren sie soweit hergestellt, dass sie sich mit großem Gefolge auf die Suche nach der rätselhaften Kapelle begaben. Kundschafter berichteten, dass in einsamer Gegend des obersteirischen Berglandes eine kleine Kapelle stehe, die genauso aussehe, wie sie der Markgraf und seine Gemahlin im Traume gesehen hatten. Nun zo-

> Als dieses fertig war und das Gnadenbild darin aufgestellt wurde, waren Heinrich und Agnes vollkommen gesund.

gen sie aus, konnten aber die Kapelle lange nicht finden und irrten umher. In dieser Not soll der hl. Wenzel, von den Suchenden allerdings nicht wahrgenommen, ihnen den rechten Weg gezeigt haben. Dem Gelübde getreu ließ daraufhin der Markgraf die schlichte Kapelle zu einem schönen, steinernen Gotteshaus umbauen. Als dieses fertig war und das Gnadenbild darin aufgestellt wurde, waren Heinrich und Agnes vollkommen gesund. In den darauffolgenden Jahren strömten so viele Wallfahrer zur neuen Gnadenkirche, dass diese bald zu klein und im Laufe der Zeit zur heutigen prächtigen Riesenkirche ausgebaut wurde.

Die Ludwigslegende

Es versammelten sich an die 80.000 „Türken“ und andere „barbarische Völker“ aus „Asia und Thracia“, um gegen den christlichen König Ludwig I. von Ungarn in den Kampf zu ziehen. Mit nur 20.000 Kämpfern schien ein Sieg gegen die türkische Übermacht aussichtslos. Ludwig wendete sich vertrauensvoll an die „Mutter Gottes Maria zu Zell“, die ihm in einem Traum erschien und ihren Beistand zusicherte. Als er erwachte, entdeckte er das Marienbild, welches er normalerweise immer bei sich hatte, auf seiner Brust, obwohl es auf einem kleinen Altar gestanden hatte. Er erachtete dies als ein Zeichen, in den Kampf zu ziehen. Nachdem er einen großen Sieg über die Türken errungen hatte, zog er mit seinem Heer nach Mariazell und opferte das kostbare, mit Gold und Edelsteinen gezierte Marienbild sowie weitere, wertvolle Gegenstände, alle versehen mit seinem Wappen.

Die Legende basiert auf geschichtlich realer Grundlage: König Ludwig I. regierte in Ungarn von 1342–1382, die siegreiche Schlacht ist für den Historiker jedoch nicht leicht festzustellen, die Tradition hält am Jahr 1364 fest.

Ein trübes Geschichtchen, erzählt von Peter Rosegger

Noch heute sehe ich das Weiblein wandern auf der staubigen Poststraße. Es war im Tale bei Seewiesen. Ich schlenderte dahin in der stillen Alpennatur, blickte auf die zerrissenen Felsen der Schwabenkette und sang: Hoch vom Dachstein. Lange hinkte, gestützt auf einen Pilgerstock, ein Weiblein vor mir her, alt, arm und mühselig. Ein großes blaugestreiftes Kittelchen trug es und ein Jöpplein aus verschlissener Leinwand. Auf den Rücken hatte es ein mächtiges Bündel geschnürt, um den Kopf trug es ein weißes Tüchlein – die Haare, die unter demselben hervorlugten, waren noch viel weißer. Ich hatte die greise Pilgerin nicht beachtet, denn derlei Erscheinung gibt es eine Anzahl auf den Straßen in der Umgebung von Mariazell. Als das Weiblein nun aber seitwärts wankte und sich erschöpft auf einen Schotterhaufen setzte, rief ich ihm zu, ob's denn nicht mehr gehen wolle. Da seufzte es und richtete sein Gesicht zu mir auf. Freunde, ich hab unter den Lebenden noch kein solches Antlitz gesehen. Nicht die zahllosen, tiefen Furchen, die der Pflug eines kummervollen Lebens hier aufgewühlt hatte, haben mich so sehr ergriffen – die fahlen, vertrockneten Lippen, das erloschene Auge habe ich gesehen. Sonst sagt das Volk, man sehe kein Gespenst, wenn man nicht daran glaube! Nein, es war ja doch kein Gespenst, es war ein unglückseliges, lebendes Menschenkind. Es war aus dem Lande Krain zu Fuß hereingewandert in seinen vierundneunzig Jahren. Es war schwach und krank und allein und musste den Löffel warmer Suppe erbetteln. Wie lange es schon auf der Wanderung war, das wusste es selbst nicht recht, es hatte seitdem oft in Scheunen geschlafen und im Freien, unter Bäumen und in Gräben. Nach Mariazell ging die Reise. Das erzählte mir das Weiblein, als ich neben ihm saß; ich hatte Mühe, dass ich die Worte aus zahnlosen Lippen verstand, aber ihr Erzählen ging mir an's Herz. Vorurteil und Aberglaube richten so Ungeheures an im Volke – es ist ein Elend mit den armen Menschen.

„Ach, warum, um Gottes Willen, diesen weiten, weiten Weg, jetzt in Euren alten Tagen?", frug ich fast entrüstet. „Wenn ich nicht sterben kann, wenn ich sonst nicht sterben kann!", antwortete sie mit fast tonloser Stimme und starrte auf die Steine. Dann erzählte sie mir die Geschichte, die ich hier möglichst wortgetreu mitteilen will.

„Siebzig Jahr ist's jetzt vorbei", begann sie, „seitdem ich im Steirischen war bei der Zellermutter. Wenn man vierundzwanzig zählt, ist man jung und wie ein Röslein schön und fein. Aber kindisch noch und vorwitzig. Ich war wie ein Röslein und von Gottschee bin ich gekommen nach Mariazell und hab' eine Wallfahrt verrichtet, damit ich einen Mann bekäm', wie's mein Herz begehrt. Drei Stunden vor Mariazell ist eine Steinwand hoch oben auf dem waldigen Berg und auf demselben stehen drei versteinerte Männer und tun miteinander ein Kartenspiel seit undenklichen Jahren, weil sie einst im Leben mitten in der Christnacht auf dem Felsen gestanden sind, um zu spielen, so hat der Herrgott sie zu Stein gemacht und da müssen sie spielen bis zum jüngsten Tag. Um einen solchen Mann hab ich nicht gebetet am Hochaltar zu Zell und von diesen will ich auch nicht reden. Bald anders ist es in den Felsen, auf dem die Spieler sitzen – der Vetter wird's wohl auch wissen; der Stein hat ein Loch und der Wallfahrer, der von Zell zurückkommend von der Straße aus durch das Loch den blauen Himmel sieht, der kommt seiner Tage noch einmal nach Zell und das ist heilig und gewiss. Alte Leut' in meiner Heimat haben's oft und oft gesagt. Wie ich nun zurückkomm' von der Zellermutter und vorbei an der Stelle, sagen meine Gefährten: „Mina, schau hin auf jene Felsen dort, siehst du das Loch im Stein?" „Ja, rief ich, den blauen Himmel seh' ich in demselben." „So preise Gott den Herrn", sagen alle, „Mina, Du kommst Deiner Tage noch einmal nach Zell." Andere, die hinter uns gegangen sind, haben die Öffnung nicht mehr gesehen. Ja, so war es und so komm' ich zurück in's Heimatland. Vetter, das Kirchlein ist schon zerfallen, in welchem ich mit meinem Wendelin in den heiligen Ehestand getreten bin. Ach, so lang', so lang ist das her. Ist's schon nimmer wahr. Dann sind Zeiten gekommen, gute und schlechte und alle sind wieder vergangen. Ich habe Kinder gehabt und Enkel. Es wächst schon lange der grüne Rasen über sie. Was hab' ich für Freud und Pein gehabt in meinem Herzen von der Stund' an, wo ich sie das erste Mal an die Brust gedrückt habe, bis sie hinabgerollt sind in die tiefe Grub'. Ich dank dem Herrgott, wenn's aus ist mit mir, dass ich ruhen kann, aber ich tät gerne noch einmal die Jahre all'

Ich war wie ein Röslein und von Gottschee bin ich gekommen nach Mariazell und hab' eine Wallfahrt verrichtet, damit ich einen Mann bekäm', wie's mein Herz begehrt.

durchwandern und durchkümmern, wenn ich sie wiedersehen könnt', im Garten spielen, meine Kinder. Ein einziger Urenkel ist mir geblieben und ist mir gefolgt herein über den letzten Winter. S' war ein Büblein in die sechzehn Jahr und frisch wie das Leben mit goldfarbenem Haar; ich hab's geliebt und mich hat's geliebt und noch einmal hätt' ich mit ihm mögen durch das lange Leben gehen. Da ist der Lenz gekommen, der liebliche Lenz – mein Junge hat mir noch das erste Veilchen gebracht. S' war ein scharfer Winter gewesen, auf dem Teiche lag noch Eis. Wie es kam, dass es geschah – gesehen hab' ich's nicht, eingebrochen war das Eis und meinen Jungen haben sie herausgezogen aus dem Teich. Warum, das weiß ich nicht, etwa, dass es mir das Herz durchschneide – sie haben ihn doch gleich wieder versenkt in die Erde ...

Und seitdem bin ich allein in dieser Welt, hab' kein Kind und keinen Freund, bin übrig geblieben über mein Geschlecht hinaus. Jesus und Maria, wie hab' ich gebetet Tag und Nacht, dass ich erlöst werde, dass sich sterbe und ruhe bei den Meinen! Wie hat mir da in einer Nacht so wunderlich geträumt. Die Zellermutter steht vor mir – sie hat wohl an ein schneeweißes Kleid und auf dem Haupt trägt sie einen Kranz von Rosen. Da fall' ich wieder auf die Knie: „Gegrüßt seist Du Himmelkönigin." Da hab' ich sie nicht mehr gesehen. Aber wie ich die Augen auf zum Himmel wende, da seh' ich eine Steinwand hoch oben auf dem waldigen Berg und auf demselben versteinerte Männer und unten durch den Stein ist das Loch – ich blicke hindurch und ich seh' den blauen Himmel. Gleich wach ich auf und da weiß ich's heilig und gewiss: „Du kannst nicht sterben, vor sechzig Jahren hast Du durch diesen Felsen gesehen. Du kommst Deiner Tage noch einmal nach Zell, und Du bist seit jener Zeit nicht mehr dort gewesen, aber jetzt musst Du hin, zu beten um Ruhe, um Erlösung!" So ist's gewesen und drum such' ich mir in diesem Tal ein Gräblein aus!"

Eine kleine Gabe reichte ich der Armen, die aus der Ferne in das stille Alpental kam, um zu sterben, weil ihr die Ruh' versagt, bis sie den Bann des Aberwitzes lösen sollte, der sechzig Jahre auf ihrer Seele lastete. Mit Tausend Wünschen dankte sie mir – sie wolle beten für mich in Mariazell, dass ich lange lebe, aber nicht allein – nicht verlassen und vergessen. Die Pilgerin ahnte wohl nicht, dass ich hingehen und dem ganzen Lande von ihr erzählen würde. Und warum hab' ich die Geschichte erzählt? Fragt mich nicht, lange genug trug ich sie verschlossen in mir herum. Sie ist doch gar nicht so betrübt? Heute wird das arme Weib wohl die Ruhe schon gefunden haben. Wir aber wollen heiter sein.

Die Schwurwiese

Vor langer Zeit war die Schwör- oder auch Schwurwiese nicht sumpfig und gehörte zu einem stattlichen Bauernhaus. Sie soll eine der schönsten Wiesen in der Gegend um Mitterbach gewesen sein. Der Graswuchs war üppig und konnte zur Freude des fleißigen Bauern mehrmals im Jahr gemäht werden. Als dieser Mann jedoch verstarb, hinterließ er den Hof samt Wiese seinen beiden Söhnen zu zwei gleichen Teilen. Da sich die beiden Männer einfach nicht einigen konnten, kam es unweigerlich zu einem Streit um die besagte schöne Wiese. Jeder von den beiden wollte die ergiebige Wiese für sich alleine haben. So kamen sie letztendlich zu einer Entscheidung, die in einem Schwur endete. Beide begannen zur gleichen Zeit mit dem Mähen der Wiese, jedoch so, dass jeder am entgegengesetzten Ende mit der Arbeit begann. Wer jedoch zuerst die Mitte der Wiese erreiche, dem sollte letztendlich für immer die gesamte Wiese zufallen. So schworen sie es sich bei der Abmachung. In der Hitze des Gefechtes ergab es sich leider, dass beide Männer fast zur selben Zeit in der Mitte der Wiese aufeinandertrafen. Keiner von ihnen wollte sich nun einsichtig zeigen und abermals entbrannte ein wilder Streit, der damit endete, dass sie sich mit den scharfen Sensen gegenseitig derart schwerwiegende Verletzungen zufügten, dass sie noch an Ort und Stelle verbluteten und starben. Ob es Gottes Zorn darüber war oder ob einer der beiden sogar mit dem Teufel einen Pakt geschlossen hatte, wusste niemand zu berichten. Jedenfalls wurde von da an die Wiese zunehmend unfruchtbarer und letztendlich feucht und ein Teil des Mitterbacher Moores. Die Reste des Moores befinden sich am „Schwurwiesenweg", welcher eine beliebte Abkürzung von der niederösterreichischen Seestraße zur steirischen Waldrandsiedlung ist. Am Rande dieses Weges steht ein Bildstock mit zwei geschnitzten Schwurwiesenbrüdern. Eine weitere Sage berichtet darüber, dass sich auf dieser Wiese einst die Türken verschworen hatten, um zwölf Uhr mittags in Mariazell einzurücken, den Ort zu plündern und zu zerstören. An dem besagten Tage, an dem das

Am Rande dieses Weges steht ein Bildstock mit zwei geschnitzten Schwurwiesenbrüdern.

geschehen sollte, fing jedoch die Mittagsglocke um elf Uhr von selbst an zu läuten. Die Türken jedoch meinten, es sei Mittag und schickten sich an, in Mariazell einzufallen. Eine plötzlich auftretende Finsternis und dichter Nebel verhinderten ihr verheerendes Vorhaben und Mariazell entging der großen Gefahr, die gedroht hatte.

Die Türken in Mariazell

Während der ersten Belagerung Wiens durch die Türken (1529) zogen Streifscharen auch gegen Mariazell, weil sie glaubten, dass sie dort große Kirchenschätze rauben könnten. Als eine solche Horde eines Tages zur Mariensäule in der Wienerstraße kam, wollte sie der Anführer umstürzen. Zweimal rannte er mit Wucht gegen die Säule, musste aber jedes Mal ohne Erfolg zurückweichen. Als er das dritte Mal voll Wut und mit aller Macht gegen die Säule prallte, wurde er plötzlich geblendet und fiel halbtot vom Pferde. Darüber erschraken die Türken derart, dass sie schleunigst abzogen. Am nächsten Tage kam eine weit stärkere Streifschar nach Mariazell, die sofort alle Häuser des Ortes niederbrannte. Zuletzt wollten die Unholde auch die schöne Kirche in Brand stecken und beschossen sie mit brennenden Pfeilen. Wohl fielen zahlreiche mit Pechstreifen umwickelte Pfeile auf das Dach und verbrannten dort, aber ohne das Dach zu beschädigen. Als die Türken letztlich abzogen, wurden sie im Neuwalde von christlichen Streitern überfallen, es kam zu einem heftigen Handgemenge, in dem fast alle Türken von den erbitterten Christen schonungslos niedergemacht wurden. Nur wenigen gelang die Flucht. Unter den Geflüchteten befand sich auch ein türkischer Hauptmann, der mit seinem Pferd bis auf die Höhe der Wildalpe kam. Dort sah er ein hölzernes Kreuz und in seiner Wut über die Niederlage im Neuwalde sprang er vom Pferd, verfluchte den Christengott und hieb mit seinem krummen Säbel auf das Kreuzbild ein, dass es in Stücke sprang. Die Strafe für diese Freveltat sollte nicht ausbleiben. Als sich der Türke wieder auf sein Pferd schwang, um die Flucht fortzusetzen, machte der Hengst einen gewaltigen Sprung seitwärts in die sumpfige Grube, in der Ross und Reiter in wenigen Augenblicken gurgelnd versanken. Seit dieser Zeit heißt es dort beim „Türkenhengst“, woraus später im Volksmunde der „Totenhengst“ wurde.

Die zwölf schwarzen Männer

Zu Wegscheid, an der Straße nach Mariazell, lebte ein Wirt, ein gar ruchloser Mensch. Er tat den ganzen lieben Tag nichts als fluchen und schelten. Einmal, es war am Taufsamstag, hatte er wieder den ganzen Tag geflucht, und diesmal tat er es bis spät in die Nacht hinein. Es wurde Mitternacht. Da hörten die Wirtsleute plötzlich mit entsetzlichem Gepolter einen schweren Wagen in ihren Hof hineinrollen. Allen Anwesenden kam das Grausen. Da ging die Gastzimmertür auf und es traten zwölf kohlschwarze Männer herein, die sich ganz stumm zum Tische setzten. Die Wirtsleute waren ganz starr vor Schreck und Entsetzen und wussten sich nicht zu helfen. Sie wagten es nicht, auch nur einen Schritt von ihrem Platz zu weichen. Das Dienstmädchen jedoch bewies Geistesgegenwart und lief schnell zur Nachbarin, die als frommes, christliches Weib bekannt war, weckte sie auf und erzählte zitternd von den zwölf schwarzen Männern. Zugleich bat sie dieselbe, mit ihr hinüberzugehen, denn ihre Herrenleute wüssten sich nicht zu helfen. Die Nachbarin, eine alte Greisin, machte sich sogleich auf und ging mit, nahm aber Weihwasser mit. Sie trat mit dem Ruf: „Gelobt sei Jesus Christus!“ ins Gastzimmer hinein. Danach versprengte sie im ganzen Zimmer Weihwasser und bespritzte auch die schwarzen Männer damit. Da standen sie einer nach dem anderen auf und verließen das Zimmer. Der letzte sagte, als er bei der Tür hinausschritt: „Euer Glück!“ Das sprach er aber so durch die Nase, dass man eindeutig daraus schließen konnte, woher diese Männer waren. Darauf hörten die Leute in der Gaststube den Wagen wieder mit Gepolter zum Hofe hinausrollen. Im Haus aber hatten die schwarzen Männer einen Höllengestank zurückgelassen.

Brauchtum und Kultur

Der Jahreslauf der Steiermark ist geprägt von den verschiedensten Brauchtumsveranstaltungen und kirchlichen Festen. Die Region zeichnet sich nicht nur durch landschaftliche Schönheit aus, sondern auch durch ihre Kultur, herzliche Gastfreundschaft sowie kulinarische Genüsse. Die Lebensgewohnheiten der Steirer spiegeln sich in vielen Bereichen wie Brauchtum, Musik bis hin zu den Sehenswürdigkeiten und spezieller Kleidung (Trachten) wider. Das Tanzen, in enger definierter Bezeichnung das „steirisch Tanzen", zählt bereits sehr lange zu den Lieblingsunterhaltungen der einheimischen Bevölkerung. Als „Gstanzln" werden kleine, meist vierzeilige Verse bezeichnet, die Jung und Alt unterhalten. Historisch gesehen haben sich diverse Kleidungsstile in den einzelnen Regionen der Steiermark entwickelt. Für die Ausführung werden lokale Materialien sowie spezielle handwerkliche Fähigkeiten herangezogen. Für den Aufschwung sorgte im 19. Jahrhundert Erzherzog Johann, der den schlichten Trachtenanzug popularisierte. Viktor Geramb, ein Volkskundler, gründete in Graz das Steirische Heimatwerk, welches sich der Pflege und Weitergabe steirischen Brauchtums verschrieben hat. So vielfältig wie die Regionen sind, ist auch die Sprache der Bewohnerinnen und Bewohner der Steiermark, einem Land der mundartlichen Vielfalt. Mundart kann als ein vorgegebener, aber auch veränderbarer Bestand und somit auch als etwas Lebendiges betrachtet werden. Sie gehört dem Begriff Heimat an und hat gerade in der Zeit der kulturellen Globalisierung einen besonderen Wert.

Als „Gstanzln" werden kleine, meist vierzeilige Verse bezeichnet.

Es ist noch nicht sehr lange her, da wurde das Leben in der Steiermark im Wesentlichen von den Jahreszeiten und dem christlichen Jahreskreis geprägt und strukturiert. Seit 1691 gilt der 1. Jänner als Neujahrstag, an dem Glückwünsche ausgetauscht werden. Der Weihnachtsfestkreis dauerte früher bis zum 2. Februar und bis dahin blieben Krippe und Christbaum aufgestellt. Der Aschermittwoch war schon immer ein strenger Fastentag und leitet heute die 40-tägige Fastenzeit ein. Ostern (von Osten) ist das christliche Hauptfest im Frühling. Vor allem rund um das Osterfest gibt es eine Reihe von Bräuchen, wie das Binden der Palmbuschen, das Färben der Ostereier und das Brennen des Osterfeuers. Am 15. August finden die großen Wallfahrten zu den Marienheiligtümern statt, allen voran natürlich nach Mariazell. Es herrscht die Meinung, dass die Glocken, welche die Wallfahrer ankündigen, nicht kalt werden dürfen. Die Brauchtumspflege hat im gesamten Mariazellerland einen hohen Stellenwert und ist für Besucher, egal ob jung oder alt, stets ein wichtiger Aspekt.

Ab der Mitte des 19. Jahrhunderts wurde der Dialekt „salonfähig" und floss verstärkt in die Literatur ein.

Der steirische Heimatdichter Peter Rosegger verfasste zahlreiche Mundartgedichte, darunter eines über den Steirer:

Da Steirer

Wia i war geborn war mein erste Fro [Frage]:
„Gibt's a Olmalond, is' a Diandl do?"
Hätt's ka Gamsl ghobt, hätt's ka Diandl gebn,
wär i gor nit eina in dos Leben.

Mittn im Gebirg auf da Felsnwond,
's Diandl an da Seit, 's Stutzerl in da Hond,
und a Herz in Leib, und a Treu a drin:
Gott sei Dank, dass i's a Steirer bin!

Jo, der Obersteirer in sein Hüttl drin,
ohne Diandl liabn, ohne lustign Sinn,
ohne Olmaluft, ohne Freiheit z'gspürn,
konn er gor nit, gor nit existirn!

Das Heimathaus Mariazell

Das Mariazeller Heimathaus bietet mit seiner umfangreichen Sammlung auf fünf Etagen einen Einblick in die Geschichte des Wallfahrtsortes und des Mariazellerlandes. Das im 17. Jahrhundert etwa 500 Meter vom Hauptplatz entfernt geschaffene Bürgerspital diente den Armen und Kranken und stellte einen Ausgangspunkt für den Einzug der Wallfahrtsprozession zur bekannten Basilika dar. Neben dem Eingang befinden sich in zwei Nischen links und rechts vom Tor barocke Heiligenfiguren, wie die Pest- und Frauen-Heiligen Anna, Sebastian und Rochus. Das Haus war als Bürgerspital für 30 Personen vorgesehen. Den Erzählungen nach herrschte in den klösterlichen Einrichtungen nicht immer eine christlich-barmherzige Stimmung, sondern strenge Zucht. Seit 1967 befindet sich im ehemaligen Bürgerspital von Mariazell dieses wertvolle Museum mit Gütesiegel. Das Gebäude überlebte baulich nahezu unverändert bis in die zweite Hälfte des 20. Jahrhunderts.

Das Haus war als Bürgerspital für 30 Personen vorgesehen.

Heimathaus und Museum Mariazell

In verschiedene Sachgebiete gegliedert, werden dem Besucher die Geschichte der Wallfahrt zur Mariazeller Gnadenmutter, altes Brauchtum und aussterbendes Handwerk, Alm- und Holzwirtschaft sowie historische Fotogeräte und Bilddokumentationen der Mariazeller Fotografenfamilie Kuss der letzten 150 Jahre nähergebracht. Ebenso sehenswert sind die Exponate des ehemaligen „k. u. k. Eisengußwerkes bei Mariazell“ in einem eigens dafür neu eingerichteten „Gußwerker Raum“. Im Heimathaus werden Handwerkszünfte wie Schuster, Schneider, Weber und Schmied gezeigt. Auch das Handwerkszeug für den Fassbinder gibt Zeugnis vom handwerklichen Geschick der Menschen im Mariazellerland.

Im Jahr 2010 wurde die Sonderausstellung „Der Steirische Prinz und die Botanik des Mariazeller Landes“ hier im Mariazeller Heimathaus präsentiert. In der Folge wurde 2011 ein kleines Jagdmuseum in das Mariazeller Heimathaus integriert. An das bestehende Heimathaus wurde ein sogenannter „Geschichtsspeicher“ angebaut, in dem eine Studiensammlung, das Regionalarchiv, weitere Ausstellungsflächen und ein Büro integriert sind.

Schifferlsetzen

An dem schon lang herbeigesehnten und doch gefürchteten Nikolotag gibt es so manchen Brauch, mit dem sich die Kinder durch das Erlangen süßer Leckereien für ihre auszustehende Furcht vor dem bösen Krampus zu entschädigen suchen. In der Mariazeller Gegend hat sich eine Sitte eingebürgert, die wohl urtümlich genannt werden kann und bodenständig ist. Außerhalb des Mariazellerlandes ist dieses Brauchtum kaum bekannt:

Schon lange vor dem Krampustag sitzen Knaben und Mädchen im warmen Stubenwinkel emsig über eine Arbeit gebeugt – dem „Schifferlmachen“. Aus Papier werden kunstgerecht Schifferl gefaltet und dann noch mit einem Sprüchlein versehen. Jedes bekommt sein eigenes Verslein; ein reicher, überlieferter Schatz steht den Kindern zur Verfügung. Der Vortag des Nikolofestes steht im Zeichen des „Schifferlsetzens“. Kein Kind ist zu Hause anzutreffen, alle wandern

Aus Papier werden kunstgerecht Schifferl gefaltet und dann noch mit einem Sprüchlein versehen.

mit ihren Schiffen zu Großvater und Großmutter, Onkel und Tante, Godel und Göd (Taufpatin und Taufpate) und sonstigen Verwandten und Bekannten. Es ist für das Kind kein leichtes Stück Arbeit, das Schifferl zu setzen. Kommt es in die Nähe eines Hauses, dann muss es, gleich einem Schelm, das Haus von allen Seiten umschleichen. Ungesehen muss der „Schifferlsetzer" bleiben, und unbemerkt muss das Schifferl aufs „trockene Land" kommen. Der ausersehene Hafen ist Stube oder Hausgang. Kein Haus bleibt verschont, auch wenn ein Geizhals drinnen an diesem Tage besonders seine Augen schärft, um allzu reich hereinflatternden Segen abzuwehren. Kein Kind bringt weinend am Abend seine mühevoll bereiteten Schiffchen wieder heim, um damit geträumte Hoffnungen zu begraben. Allen stehen die helle Freude und die Erwartung auf den kommenden Tag ins Gesicht geschrieben. Aber auch jedes Haus erwartet an diesem Tage ein besonderes Vergnügen. Die Hausfrau hat die ihr ins Haus gesegelten Schiffchen allmählich gefunden und sorgsam aufbewahrt. Nach dem Nachtessen, wenn das Hausgesinde um den großen Stubentisch versammelt ist, rückt sie nun zur Freude aller mit ihrer Flotte an. Löst nun schon der kindliche Farbensinn große Heiterkeit aus, so rufen erst die originellen Sprüchlein wahre Lachstürme hervor. Fast jeder hat als Bub oder Dirndl dieselben Zeilen geschrieben, jede hat sie schon oft gehört, aber trotzdem freuen sich Alt und Jung, wenn man hier von ungelenker Kinderhand geschrieben lesen kann:

Schifferlsetzen – Darstellung im Heimathaus Mariazell

Mei liaba Großvota,
i hätt a Gebitt;
i hätt a Schifferl zum Setzen,
verwirts ma dos nit,
Braucht eh nit viel sein,
a Nuss und an Ruatn,
is häufti gnua drein.

Dieser Schifferlsetzer scheint noch ein Anfänger zu sein, wie seine große Bescheidenheit zeigt. Ein anderer „Kapitän", der im Hause schon bekannt ist, schreibt:

Mit dem Schiffchen zu fahren,
ist heute nicht schwer,
ist alles gefroren,
jetzt geht's aber nicht mehr.
Drum setz' ich mein Schiffchen
aufs trockene Land,
bei der Tant' Resi
bin ich am besten bekannt.

Alle Verslein zeigen der Hausfrau, welch reichen Segen sich die Setzer von ihr erwarten. So findet sich oft ein Schiffchen mit folgender Inschrift:

I bin a kloans Binkerl,
I steh auf an Fuaß,
tät gar recht schön bitt'n
um a bisserl was Guats.

Oder:

Guate Nocht, i geh schlofn,
guate Nocht, i schlof ei,
morgen fruah hol i's Schifferl,
gebts ma woas Guats drei!

Am nächsten Morgen ist wohl kein Kind ein Siebenschläfer. In aller Früh wandern sie von Haus zu Haus, sich ihre Schiffchen wieder zu holen. Wie strahlen da die kleinen Gesichtchen, wenn sie ihr Schifflein schwer beladen erblicken und mitnehmen dürfen! Da erzählen sie dann, welche Klippen sie beim Setzen umsegeln mussten. Mit herzlichem Dank entfernen sie sich bald, um sich gegenseitig ihre Schätze zu zeigen.

Wie strahlen da die kleinen Gesichtchen, wenn sie ihr Schifflein schwer beladen erblicken und mitnehmen dürfen!

Narzissen-Korso

Weithin bekannt sind seit Jahrzehnten die Bilder des Narzissenfestes im Ausseerland. Was heute aber nahezu in Vergessenheit geraten ist, ist, dass diese Tradition ursprünglich dem Mariazellerland entstammt. Noch heute gibt es im Frühjahr zahlreiche Narzissenwiesen, die mit ihren wunderschönen Blüten entzückte Blicke auf sich ziehen. 1951 wurde die Idee vom Ausseerland her aufgegriffen und 1952 schließlich der erste Narzissenkorso durchgeführt. Anfangs noch im kleinen Rahmen, wuchs das Narzissenfest zum größten Frühlingsfest Österreichs und war weithin als großes Tourismusereignis bekannt. Insgesamt wurde das Narzissenfest zwischen 1952 und 1961 zehn Mal ausgetragen. 1962 wurde diese damals einmalige Attraktion mangels fehlender Basis einer breiten Zusammenarbeit in der Region eingestellt. Am Vorabend des Umzuges wurde im Rahmen einer Ballveranstaltung eine Narzissenkönigin gekürt, die gemeinsam mit ihren Prinzessinnen am Folgetag den Umzug anführte. Der gesamte Ort wurde für den Verkehr gesperrt und zum Festgelände erklärt. Kamen im ersten Jahr bereits 5.000 Besucher, wohnten der Veranstaltung im Jahr 1957 schon 30.000 Menschen bei, 1959 und 1960 waren es bis zu 60.000. So titelte die „Österreich Illustrierte“ 1959: „Bei strahlendem Wetter feierten 60.000 das Narzissenfest. Das bisher schönste und gelungenste Narzissenfest fand am Wochenende bei prächtigem Wetter in Mariazell statt.“ (Ranti Putanti 2004, S. 156.)

Der brotsegnende Heiland

Heute noch findet am Gründonnerstag in Mariazell die Fußwaschung mit einem anschließenden Apostelmahl statt. Die Reihenfolge des Geschehens ist aber, entgegen dem Johannes-Evangelium (nur hier wird von der Fußwaschung berichtet!) umgedreht. Nach der Fußwaschung ziehen zwölf als „Apostel" ausgewählte Männer aus Mariazell und Umgebung zu einer Festtafel und diese wird jedes Jahr von einem anderen Gasthaus oder Hotelbetrieb ausgerichtet. Dabei wird jeder „Apostel" von einem „Apostelführer" – aus dem Kreis der Gewerbetreibenden aus dem Gnadenort – begleitet. Die sogenannten Apostelführer entrichten nach einem gemeinsamen Gebet auch den obligaten Obulus (Silbermünzen), wohl in Anlehnung an die 30 Silberlinge, für die Judas bereit war, den Herrn zu verraten. In der Mitte der Runde befindet sich die lebensgroße Figur des „brotsegnenden Heilands", umgeben von den zwölf „Aposteln". Als Vierzehnter am Tisch befindet sich der Pater Superior des Benediktinerklosters Mariazell. Vor dem Gedeck der Christusfigur liegt das Lamm auf dem Buch der „sieben Siegel". In der kurzen Zeitspanne, in der die „Apostel" auf das eigentliche Essen warten, hält jeder von ihnen ein „Herrgottslaiberl", ein Brot, in den Händen. Bis auf eines sind alle gleich groß, nur jenes, das die Christusfigur in der linken Hand hält, ist größer. Dieses „fromme Schauspiel", wird in Erinnerung an die Einsetzung der „Allerheiligsten Eucharistie" abgehalten.

Im 64. Jahrgang 1895 der Zeitschrift „Komische Briefe des *Hans-Jörgel von Gumpoldskirchen*" steht dazu unter anderem geschrieben: „… in Strömen pilgern die Wallfahrer zu dem angeblich'n Brotsegner, legen ihre Semmeln zum Segner auf d'Hand, weil dem, der so ein g'segnet's Herrgottlaberl in sein' Kast'n lieg'n hot, 's Brot niemals ausgeh'n soll, was aber eigentlich sogar wahr ist, weil der Betreffende ja 's g'segnete Laberl im Kasten, also ein Brot hat. G'opfert wird ebenfalls beim Brotsegner, – für welche Zwecke weiß man net; – g'flennt auch, obschon Niemand weiß, warum?"

Die Geschichte vom Brotteufel

Ein neuer Tag steigt von Osten her über die Berggipfel in das stille Tal und die warme Sonne guckt freundlich in die behagliche Stube. Eine helle Freude überkommt dabei den Menschen. Wenn man sich dann noch ein gutes Frühstück mit frischen Semmeln oder knusprigen Kipferln zubereiten kann, so ist für gute Laune den ganzen Tag über gesorgt. In Mariazell haben Brot- und Semmelausträger schon am frühen Morgen dafür gesorgt, dass frisches Gebäck im Haus war. So ein Brotausträger war der sogenannte „Brotteufel". Den ersten Teil seines Namens hatte er eben vom Brotaustragen, der zweite Teil seines Namens stammt nicht etwa daher, weil er wie ein Teufel aussah oder ein teuflisches Benehmen hatte, sondern schlicht und einfach von seinem Familiennamen. Er hieß mit bürgerlichem Namen: Michael Teufel. Er wurde am 12. September 1849 geboren und war aus der Scheibbser Gegend zugezogen. Ab 1891 war er Brotausträger. Der Teufel war beim Engel im Dienst, denn sein Dienstgeber war Engelbert Rohrbacher. Er war klein von Gestalt, mit einem langen, weißen Bart. Auf dem Kopf trug er einen abgeschabten, verwitterten Hut. Die beiden Hosenröhren waren am Fußende zugebunden und vor den Augen trug er stets eine Brille, deren eine Seite ein dunkles Glas, die andere Seite gar keines enthielt. So war er in Mariazell und Umgebung bekannt. Schon zeitlich früh am Morgen schulterte er seinen schweren, großen, mit frischem Gebäck gefüllten Buckelkorb und stapfte von Gasthof zu Gasthof, von Haushalt zu Haushalt, um seine Ware an den Mann oder an die Frau zu bringen. Gegen allfällige Überfälle war er mit einem langen, derben Stachelstecken bewaffnet. Mit dem langen, spitzen Stachel spießte er unterwegs jedes kleine Papierchen auf, steckte es in seinen Sack und trug es heim in sein Dachkammerl. Es kam mit der Zeit so viel zusammen, dass nach seinem Tod dieses Sammelgut mit mehreren Wagen aus dem Markt gefahren werden musste und dort verbrannt wurde.

Der Teufel war beim Engel im Dienst, denn sein Dienstgeber war Engelbert Rohrbacher.

Im Grunde genommen war der Brotteufel ein ernster Mensch, und im doppelten Sinn „ein armer Teufel“. Doch war er stets zu allerhand Späßen aufgelegt. Einer seiner Sprüche war: „Harax, tax, tax, packs bei da Hax!“ oder ein anderer: „Hanti putanti 's Leben is hanti!“ Wenn er bei der Familie Todt in Gußwerk sein Gebäck abgab, sagte er: „Grüß Gott, der Engel schickt den Teufel zan Tod!“ Dem Arthur Krupp gegenüber, welcher im Auto mit hohen Jagdgästen in die Walster zu seinem Jagdrevier unterwegs war und beim Brotteufel anhalten ließ, entgegnete er auf die Frage: „Nun, was macht der Teufel?“, schlagfertig: „Hoche Herrn holen!“ Kichernd stampfte dann der Brotteufel seines Weges. Er starb im Alter von 81 Jahren am 31. Jänner 1930 und war ein echte Mariazeller Originalfigur und schon zu seinen Lebzeiten eine Legende.

Die Jagd

Nebst der Holzarbeit war die Jägerei ein Haupterwerb der Bevölkerung im Mariazellerland. Erzherzog Johann erwarb von den Staatsforsten weite Jagdgebiete: Gollrad, Graualm und Hochschwab bis zum Antengraben und die ganze Mariazeller Staritze. Er nahm die Jäger in seinen Dienst, die das riesige Jagdgebiet betreuten und auch gegen Wilderer sicherten. Deren gab es in Weichselboden so viele, dass man einen Gendarmerieposten errichten musste. Den Bauern war es sehr lange verboten zu jagen und dies hatte zu einer großen Abneigung gegenüber den Herrschaften geführt. Zum Großteil wurde aus der Not heraus gewildert, aber auch aus Freude an Trophäen sowie purer Jagdlust und oftmals kam es dabei zu dramatischen Begegnungen mit Jägern. Erzherzog Johann erbaute auf dem Edelboden ein Jagdhaus. Jäger hatte er in der Höll und in Weichselboden. Das Jagdgebiet der Staritze besorgten die Jäger auf dem Pretal und im Waldsiedelgraben. Die Nachkommen Erzherzog Johanns, die Grafen von Meran, waren ebenfalls sehr oft in der Gegend. Sie bauten eine Straße über den Kastelriegen in die Höll, die sie für sich und ihre Jagdgäste verwendeten und für Fuhrwerke freigaben. Der Bau der Wiener Hochquellwasserleitung zerriss die Ruhe im Tal im neuen Jahrhundert. Stollen wurden in die Bergflanke getrieben, die Kläfferbrunnen mussten sich in

Wasserschlösser zwingen lassen und die Höllbachquellen sprudelten ihr Wasser nicht mehr in die Salza, sondern schickten es in die großen Speicher nach Wien. Auch das Mariazeller Heimathaus berichtet über die „Jagd im Mariazellerland". Die verschiedenen Facetten der bäuerlichen, bürgerlichen und adeligen Jagd in diesem regionalen Kontext werden nun im Natur- und Jagdmuseum durch ausgewählte Exponate in mehreren Schauräumen dargestellt.

Am 23. März 1919 wurde in Gollrad im Mariazellerland der Revierjäger Josef Pölzl von drei Wilderern aus dem eigenen Ort ermordet. Er hatte die Wilderer verfolgt, die seine Warnung ignorierten und ihn dann mit dem eigenen Gewehr erschlugen. Die drei mutmaßlichen Mörder wurden jedoch aufgrund mangelnder Beweise wieder freigelassen. Josef Pölzl wurde am „Jägerfriedhof" in Mariazell beigesetzt. Zur Erinnerung an den tragischen Tod des Jägers wurde 1925 am Tatort am Schüttereck bei Gollrad ein Marterl aufgestellt, welches vor Kurzem erst neu renoviert und auf einer zugänglichen Wegkreuzung neu aufgestellt wurde. Es stellt Hubertus, den Schutzpatron der Jäger, und einen weißen Hirsch mit dem Kreuz zwischen dem Geweih dar.

Im Jahr 1919 kam in Mitterbach der Förster Franz Lengauer beim Kampf gegen Wilderer ums Leben. In etlichen Fällen starben jedoch auch Wilderer beim Kampf gegen Jäger oder Polizei. Ein sich totstellender, legendärer Wilderer aus dem Salzatal, Max Ganser, erschoss 1920 einen Jäger, der ihn auf frischer Tat ertappt hatte.

Wilderergedicht

„Die edle Jägerleidenschaft
trieb mich auf Bergeshöhn,
zu meinem lieben Gemselein
so frei, so stolz, so schön.
Der Tag neigt sich, ich kehrt zurück
und fand den Weg versperrt.
Erschossen armen Schützen mich,
ist doch die Welt verkehrt.

Betrachtet doch, Mensch ist doch Mensch,
warum schoss man mich tot,
Waffengewalt wurd' angewandt
nur zur Zeit der Kriegesnot.
Es gibt einen gerechten Richter noch,
der Herrgott weiß es schon,
das Gute wiegt das Böse auf,
der Himmel wird mein Lohn.

Die Geschichte vom Jäger Adam Rosenblattl

Unter den vier Alpenjägern, welchen die Beaufsichtigung der Reviere Erzherzog Johanns anvertraut war, befand sich einer namens Adam Rosenblattl. Derselbe saß eines Abends im Jahre 1821 in seiner Hütte, als sein Gefährte der Jäger Annerl (Andreas Weninger), dessen Hütte im Höllboden stand, zu ihm kam, ihn zu besuchen. Adam war eben im Begriffe aufzubrechen, um auf der Hochweichsel, einem mächtigen Gamsgebirg, das im romantischen Weichselboden, einem der herrlichen Alpentäler der oberen Steiermark, wurzelt, nach Wilddieben zu spähen, da er seit mehreren Tagen die Anwesenheit solch unbefugter räuberischer Schützen bemerkt haben wollte. Annerl erbot sich, ihn zu begleiten, und die beiden Männer machten sich ungefähr um sechs Uhr abends auf den Weg. In freundschaftlichem Gespräche stiegen die wackeren Älpler den Hochwald hinan und waren kaum in den höheren Revieren angelangt, als ihnen ein Gamsbock in den Schuss kam, den sie sofort erlegten. Sie setzten sich dann hin, das Tier aufzubrechen, und waren eben mit dieser Arbeit beschäftigt, da raschelte es in den Klippen, Fußtritte erschallten und die Anwesenheit der Jäger nicht ahnend, trat rasch ein junger Älpler, eben der gesuchte Wildschütze, den Zeugen seines strafbaren Beginnens, die geladene Büchse und ein Stück gefällten Wildes auf dem Rücken, aus den Felswänden auf die Hochebene heraus. Bei dem Anblick der Jäger blieb er betroffen stehen, die Jäger rafften sich schnell empor, ergriffen die Büchslein und Adam, als der Nächste, trat dem Burschen kühn entgegen, sich seines Gewehres zu bemächtigen und ihn festzunehmen. Der Wildschütze, der das Gewehr gesenkt hatte, sah, dass die Mündung des Laufes dem Jäger gerade entgegengerichtet war, drückte ab und Adam stürzte, tödlich getroffen, in einem Strom aus Blut zu Boden. Die mörderische Kugel war in der Mitte der Brust eingedrungen, durchbohrte ihn und nahm am Rücken ihren Ausgang. Mit dem Ruf: „Gott sei mir gnädig und barmherzig" sank der Getroffene in die Arme des herbeigestürzten Annerl, der in sanft auf den Rasen legte und wütend sein Gewehr erhob und auf den Wildschützen anlegend ausrief: „Sag', soll ich den Hund niederschießen?" Worauf der Verwundete flehentlich bat, es nicht zu tun. Annerl warf nun das Gewehr weg, kniete zu Adam nieder, versuchte das Blut zu stillen und fragte unter Tränen, was er für ihn tun könne. „Ich fühle, dass ich zum Tode getroffen bin, und glaub' kaum, dass ich die Alpe mehr lebend verlassen werde. Meine Seele lechzt darnach, mich mit meinem Gott zu versöhnen. Lauf hinab, lieber Bruder, nach Mariazell, hole mir einen Priester, der meine Beichte erhört." „Wie deinem Mörder soll ich dich vertrauen?" „Sei ruhig", seufzte der Verwundete, „siehst du nicht, dass er wie zermalmt und stumm dasteht?" Da raffte Annerl seine Waffe zusammen und stürzte hinab die Felsenpfade nach Mariazell. Der Verwundete blieb auf dem vom Blut gefärbten Rasen und neben ihm der Raubschütze, sein Opfer betrachtend, ihn seiner Reue versichernd und dass er fast bewusstlos den unglücklichen Schuss getan habe. So verflossen die Stunden, dem von dem glühenden Schmerz Gepeinigten eine Ewigkeit. „Ich fühle, dass ich nicht ausdauern werde, bis Annerl von Zell zurückkommt. Ich erinnere mich aber, gehört zu haben, dass man in der Todesnot auch einem Laien beichten könne. Ich will dir beichten und verzeihe dir deine Tat, unter der Bedingung, dass du meine Beichte in Zell abtragen wirst." Auf das Innerste erschüttert und in Tränen ausbrechend, neigte sich der Wildschütze hin und schwor bei allen Heiligen, er wolle alles tun, was Adam von ihm verlange. Und nun kniete er hin neben dem Verwundeten und dieser beichtete seinem Mörder!

Einen feierlicheren, rührenderen Moment hatte die ernste Mitternacht noch nie auf den Alpen gesehen. „Und nun verlass mich, eile zum Gnadenorte und trage meine Beichte und dann suche dein Heil in der Flucht!" Mit einem Händedruck zeigte er ihm seine Verzeihung. Sprachlos flüchtete der Wildschütz in das Dunkel des Hochwaldes. Da lag nun der Verwundete, allein, hilflos zwischen Bewusstsein und wirren Fantasien. Der Wildschütz, welcher seine Beichte richtig in Mariazell abgetragen hatte, ward später in Lilienfeld ergriffen. Der schwer verletzte Adam wurde erst am nächsten Morgen gefunden, da sich Annerl an die Stelle des Unglückes nicht mehr genau erinnern konnte. Doch es war nicht zu spät. Auf einer schnell zusammengefügten Tragbahre wurde er sorgsam ins Tal hinabgeschafft und ärztlich versorgt, sodass lediglich eine Narbe und keinerlei schwere Folgen zurückblieben. Als eine Merkwürdigkeit darf angeführt werden, dass einer der Maler von Erzherzog Johann in Wiener Neustadt eben damit beschäftigt war, das Bild Adams für die Sammlungen seiner Hoheit zu malen, als die Nachricht eintraf, derselbe sei erschossen worden. Der Künstler fügte dem Bild hinzu: „Adam Rosenblattl, Alpenjäger Sr. Kaiserlichen Hoheit, Herrn Erzherzog Johann – erschossen auf der Hochweichsel von einem Raubschütz, am 21. August 1821." Dies während Adam noch lebte und auf seinen Jagden rüstig unter den Schützen stand. Der Wildschütze büßte seine Tat ab und wurde aufgrund seines tadellosen Wandels und dem Bitten von Adam vorzeitig entlassen. In Adam blieb keine Spur des Grolles zurück und oft sah man ihn mit dem Wildschützen in vertrautem Gespräch.

Der Wilderer von der Kräuterin

Der Erzwilderer Toni war in Bärnbach bei Wildalpen direkt am Fuße des Hochstadls, dem höchstgelegenen Gipfel der Kräuterin, geboren. Er war der verwegenste Wilderer des ganzen Salzatales, revierkundig und bis zur Tollkühnheit schneidig. Einmal wurde er von meranischen Jägern in die Enge getrieben. Aber fangen ließ sich der Bursche auf keinen Fall, sondern er wagte einen Sprung auf Leben und Tod über eine furchtbare Felswand hinab. Entsetzt und sprachlos sahen die Jäger diesen Sprung und waren überzeugt davon, dass der Toni für immer ausgewildert habe und zerschmettert unten im Kar liegen müsse. Sofort begaben sie sich zur Mutter von Toni und teilten ihr die traurige Botschaft mit. Der „Zerschmetterte" lag aber unversehrt im Bett und schnarchte! Ein zweites Mal wollte aber der Toni diesen Sprung nicht mehr wagen, das Gehetze war ihm nun doch zuwider. Er bat den Grafen von Meran um eine Anstellung als Jagdgehilfe, mit dem Gelöbnis, künftig den Raubschützen ihr Handwerk gründlich zu verleiden. Toni wurde angestellt und hielt seinen Schwur treu und ehrlich ein halbes Jahrhundert lang.

Frau Perchtl

In der Perchtlnacht, der letzten Raunacht, vom 5. auf den 6. Dezember, geht die Frau Perchtl, ein altes Waldweib, um und wandert über Berg und Tal. Oftmals sieht man das gebückte, alte Weiblein von Haus zu Haus ziehen. Ihr Gesicht ist voller Falten und Runzeln und die schneeweißen Haare trägt sie unter einem Kopftuch zusammengebunden. Ihre Kleidung ist armselig und geflickt. Schwer stützt sie sich auf einen Stock und zieht ein kleines Wägelchen hinter sich her. Sie ist in Begleitung der Seelen jener Kinder, die unterm Jahr ohne Namen gestorben sind. Manche Bäuerin stellte früher für diese Nacht eine Schüssel Milch oder Brei auf den gedeckten Tisch, legte alle Löffel dazu und am Morgen konnte man sehen, ob die Perchtlmutter mit ihren Kindern davon gegessen hatte. Böse Menschen sollten einen weiten Bogen um das alte Weib machen, denn sie vermag ihre schlechten Gedanken zu erkennen und sie dafür zu bestrafen.

In einer Perchtennacht ging einst ein Bursche heim zu seiner Mutter. Da kam ihm ein altes Weiblein entgegen, das Gesicht voller Falten und Runzeln, die Haare schneeweiß. Schwer stützte sie sich auf einen Stock, zog ein kleines Wägelchen hinter sich her, dann folgte eine schier endlose Reihe kleiner Kinder, immer eins hinter dem anderen. Nun blieb die Frau bei dem Burschen stehen. Er konnte sehen, dass sie eine recht lange Nase hatte und dass ihre Kleider armselig und geflickt waren. „Wo kommst du her?“, fragte sie scharf. Der Bursche antwortete: „Ich war dort drüben im Dorfe bei einem Bauern.“ „Wo gehst du hin?“ „Ich gehe heim zu meiner Mutter!“ „Was trägst du da unter dem Arm?“ „Kletzenbrot“, antwortete der Bursche. „Ich will es meiner Mutter geben“. „Du bist ein braver Sohn“, sagte die Alte. Und aus dem alten Weiblein wurde plötzlich eine schöne, große Frau; nur die lange Nase blieb ihr. „Willst du mir einen Gefallen erweisen?“, fragte sie dann. Und als der Bursche nickte, zeigte sie auf ihr Wägelchen und sagte: „Mir ist ein Nagel gebrochen; schneid mir einen neuen! Nimm aber ein großes Stück Holz und steck die Späne in deine Tasche. Wenn du einen verlierst, so wird es dir später sehr leidtun.“ Da machte sich der Bursche schnell an die Arbeit, schnitzte einen neuen Holznagel und steckte ihn vor das Rad. Zuletzt sammelte er die heruntergefallenen Späne und gab sie in seine Tasche. Nun schaute er sich um, aber da war niemand mehr zu sehen, die Frau, das Wägelchen, die Kinder – alles war verschwunden. Nur ganz in der Ferne sah er über den Bergrücken einen langen Nebelstreifen ziehen. Rasch eilte der Bursche heim zu seiner Mutter und erzählte ihr alles. „Das war gewiss die Frau Perchtl", sagte sie. Nun griff der Bursche in die Tasche nach den Spänen; da fielen lauter funkelnde Goldstücke heraus und sie hatten genug für ihr Leben lang.

Martha Wölger

Egal ob Berg oder Tal, Dorf oder Einschichthof, Stadt oder Land, sie alle beginnen zu leben, wenn es einen Menschen gibt, der von deren Umfeld beschwingt zu erzählen weiß, wie es Martha Wölger aus dem Freingraben bei Mariazell vorzüglich gelungen ist. Mit einem Quäntchen Wehmut, aber auch mit Freude schilderte Martha ihr Zuhause, in dem sie die Tage ihre Kindheit verbracht hatte, wo die ersten Gefühle zur „Zweisamkeit" und mancherlei Jugendträume erwacht waren. Ihre Kindheit fiel noch in eine Zeit, in der viele Männer aus dem Raum Gußwerk und Mariazell als Holzarbeiter bei den Bundesforsten tätig waren und die Frauen auf einem kleinen Pachtgrund und einer Pachtkeusche als Hausfrauen für die Familien sorgten. Martha Wölger wurde am 4. August 1920 im Freingraben, einem engen Seitental der kleinen Ortschaft Frein bei Mariazell, geboren und verstarb am 27. Mai 1992 in Hall bei Admont.

„Derwal ma oh kloa woarn, hot d' Muatter ihre gonz gwißn Tog ghobb, wo s' mit uns auf Zell gonga is. In Advent in d' Rorate und a wenig Auslogschaun, am Dreikinitog zan Kripperl, am Koarfreitag zan Halign Grob und, wanns nit gregnt hot, am Fronleichnomstog zan großn Umgong. Der Oarmaseelntog hot ah dazuaghört. Mir hom ollwal z' toan ghobb mitn Schönwetterbetn, hom uns long vorher drauf gfreut und nochi noh long gredt davon" (Auszug aus „Auf Zell gehen" aus dem Buch: Va meine Leut. Neue Gschichtn ausn Freingrobm, 1984)

Da Freingrobm

A rauschada Bach, a Wegl, ganz schmol,
mehr hot neama Plotz in den schlufengen Tol.
A stoaninger Acker, a buglata Grund,
und hin und hin Wold – so geht's g'schlogne drei Stund.

Da Holzknecht van steirischn Wold

Wonn d' Fruahjoahrsunn glonzerte Goldflinserl straht,
dass der Wold nur so fungazt und scheint –
do gfreit mih mei Orbat, do gfreit mih mein Lebn,
do bin i koan Menschn nit feind!
Wurd i tausnd Joahr olt,
so bleibert i holt
a Holzknecht in steirischn Wold!

Und lockt mi die Weitn und lockt mi die Welt,
i holt meiner Hoamat die Treu!
I geh in mein Schlog, wonn der Bergsumma blüaht,
i orbat und gfrei mit dabei.
Warums ma so gfollt?
Dahoam bin i holt,
dahoam in mein steirischn Wold!

Wonn da obere Moasta zan Feierobnd ruaft,
da Winta steht gach vor da Tür –
in Fuatgehn noch siach i mei sunnseitigs Lebn
und donk unsern Herrgott dafür!
Da Bergwind blost kolt,
a Schneesterndl follt,
und stad rauscht da steirische Wold …

Ausblick vom Niederalpl

Sonstige Bräuche im Mariazellerland

Das Herstellen von eigener Kleidung (Nähen, Stricken und Sticken) war in früheren Zeiten ganz normal, die Mädchen hatten Handarbeitsunterricht in den Schulen. In Mariazell wird heute noch die Kunst der Handarbeit geschätzt, der Mariazeller Brauchtumsstammtisch lädt zur gemeinsamen Strick- und Handarbeitsrunde ein. Ein eigenes Mariazeller Kochbuch sowie ein neues Buch über die Wallfahrtsküche laden ein, die bodenständige Küche zu entdecken. Der traditionelle Maibaum darf am Hauptplatz ebenso wenig fehlen wie auch die Segnung der Palmzweige und diverse Autoweihen. Seit 20 Jahren schmückt ein übergroßer Adventkranz zum Mariazeller Advent den Hauptplatz. Jedes Jahr im Zuge der Adventveranstaltung findet der traditionelle Krampuslauf mit über 100 holzgeschnitzten Masken der Krampusse und Perchten am Hauptplatz von Mariazell statt. Alte Sagen und Legenden erinnern an so manche finstere Gestalten. Als „Samparin" wird gerne die Gestalt der Percht bezeichnet. Figuren wie die Habergeiß und den Rotsohler, den Peter Rosegger in seiner Geschichte rund um die Wallfahrt nach Mariazell erwähnt, sind in Mariazell nicht unbekannt.

Apotheke zur Gnadenmutter

Mariazeller Kulinarik

So abwechslungsreich wie die Landschaft, so wichtig wie die Tradition, so verhält es sich ebenfalls mit der Kulinarik im Mariazellerland. Raunggen und Erdäpfelspatzen, originale Holzknechtspeisen, werden noch immer gerne am offenen Feuer zubereitet. Zahlreiche Variationen von Lebkuchen, ob in Schokolade getunkt oder mit Marzipan und sonstigen Köstlichkeiten gefüllt oder als Eis stellen weitere Höhepunkte in Mariazell dar und sind über die Grenzen Österreichs bekannt. Das Gewerbe der Lebzelter, Wachszieher und Metsieder ist seit Mitte des 17. Jahrhunderts urkundlich nachgewiesen. Seit mehr als 300 Jahren wird in Mariazell der einzigartige Honiglebkuchen gebacken. Die Wachszieherei und Lebzelterei galten als doppeltes Handwerk. In beiden Fällen liefert die Biene den Rohstoff. Im 12. Jahrhundert wurde der Beruf bereits erwähnt und im Mittelalter wurde Lebkuchen hauptsächlich in Klöstern und Herrschaftshäusern erzeugt. Aus den mit Honig gefüllten Bienenwaben goss man den Honig ab und verwendete das gewaschene Wachs zur Herstellung von Kerzen. Der Honig wird zur Met- und Lebkuchenerzeugung herangezogen. Der Lebkuchenteig wurde gesotten und man kochte Honig mit Wasser oder Milch und mischte die abgekühlte Flüssigkeit mit Mehl. Der Teig rastete einen Tag bis ein Jahr, um einen Fermentierungsprozess durchzumachen. Dann gab man Gewürze, Eier, Fett, Mandeln und anderes dazu und knetete ihn kräftig. Schließlich sollte er bis zur vierfachen Höhe aufgehen. Nicht nur der Geschmack des Lebkuchens ist beliebt, sondern auch seine bestimmte, schöne und außergewöhnliche Form. Jeder Lebzelter hat sein eigenes und streng geheim gehaltenes Rezept. Lebkuchen zählt heute nicht nur mehr zum beliebten Adventangebot, sondern wird das ganze Jahr über, sogar in eigens dafür eingerichteten Schauräumen, produziert und verkauft. Die Produktion beinhaltet heute noch sehr viel an Handarbeit.

Die Kräuter- und Magenliköre nach streng gehüteten Familienrezepten, sind ein Markenzeichen für das Mariazellerland. Liebhaber edler, hochwertiger Brände kommen ebenso nicht zu kurz wie auch Freunde der Mariazeller Wirtshausbrau-

erei. Seit 1883 produziert die Likörmanufaktur Arzberger aus 33 geheim gehaltenen Kräutern den bekannten Magenlikör.

Die seit 1860 alteingesessene Lebzelterei Kerner, das Stammhaus der Großkonditorei Pirker, liegt etwas versteckt hinter der Basilika. Der weltweit bekannte Traditionsbetrieb Pirker schreibt seit 1846 Erfolgsgeschichte mit dem uralten Handwerk des Lebzeltens, Wachsziehens und Metsiedens. Dieses wird bei Pirker nach wie vor mit absoluter Hingabe gelebt und nur äußerst behutsam den modernen Zeiten angepasst. Warum der Beruf des Lebzelters, Metsieders und Wachsziehers vor allem in Wallfahrtsorten ausgeübt wird, erklärt Pirker so: Pilger, die oft tagelang zu Fuß unterwegs waren, wollten nicht nur vor Ort verköstigt werden, sondern benötigten auch Proviant für die beschwerliche Heimreise. Der Lebkuchen war dafür ideal geeignet, ist er doch aufgrund seines hohen Honiganteils ein exzellenter Energiespender und darüber hinaus besonders lange haltbar. Und während ein Teil des Honigs für ebendieses Gebäck verwendet wurde, produzierte man aus dem anderen Teil Honigwein. Und auch für die Honigwaben gab es eine Verwendung: Sie wurden zu Bienenwachskerzen verarbeitet und schmücken bis heute den Altar.

Die bekanntesten Produkte des Kaufhauses Caj. Arzberger am Hauptplatz sind der Mariazeller Kräuterbitter und Magenlikör aus der eigenen Hausmanufaktur seit 1883 sowie neuerdings auch eine eigene Trachtenlinie. Die Apotheke „Zur Gnadenmutter" ist seit 1711 ein Traditionsgeschäft und legendär sind die echten Mariazeller Magentropfen.

Lebensquell Wasser

Wasser ist die Grundlage allen Lebens und Wasser ist stärker als Stein, es gewinnt stets den Kampf dieser beiden Elemente. Die Flüsse und Seen im Mariazellerland dienen als Nahrungsgeber und bilden den Lebensraum vieler selten gewordener Tier- und Pflanzenarten.

In der Ortschaft Weichselboden befindet sich ein kleiner Brunnen. Dieser hatte früher die Aufschrift: „Wasser ist Leben" und lädt heute noch zum Trinken ein. Zwei Wasserläufe prägen die Umgebung des Ötschers, sie umschließen den Berg in einem weiten Bogen: beginnend mit dem Ötscherbach, der am Ostabhang des Kleinen Ötschers entspringt und sich durch den Hinteren und Vorderen Ötschergraben bis zum Lassingfall schlängelt. Hier mündet der Bach in die Erlauf, welche die Ötscherumrundung entlang der Hinteren Tormäuer nach Erlaufboden und Trübenbach fortsetzt. Nach den Vorderen Tormäuern verlässt die Erlauf den Naturpark Ötscher-Tormäuer.

Betriebsgebäude Kläfferquelle

Die beiden Gebirgsbäche, der Ötscherbach und die Erlauf, modellierten nicht nur in Millionen von Jahren die faszinierenden Schluchten in das Ötschermassiv hinein, sondern sie liefern auch noch die Energie für den Betrieb der Mariazeller Bahn. Das besorgen zwei Wasserkraftwerke: die Kraftwerke Wienerbruck und Erlaufboden.

Die Salza (auch Mariazeller Salza) ist ein östlicher Nebenfluss der Enns. Sie entwässert große Teile der steirisch-niederösterreichischen Kalkalpen und trennt mit ihrem tief eingeschnittenen Tal die Göstlinger Alpen vom Gebirgsmassiv des Hochschwabs. Sie entspringt am Traisenberg in Niederösterreich (wo auch die nach Norden gerichtete Traisen ihren Ursprung hat) und fließt in südlicher Richtung an Mariazell vorbei, wendet nach Westen und ist dort der Hauptfluss des steirischen Naturschutzgebietes Wildalpener Salzatal. Sie mündet bei Großreifling (449 m) in die Enns. Heute wird das Wasser des Stausees zum Betreiben eines kleinen Elektrizitätswerks verwendet. Unterhalb des Stausees ist die Salza ein beliebtes Gewässer für Kajaksportler.

Die Entstehung des Erlaufsees

Dort, wo heute zwischen den Waldbergen der dunkle Wasserspiegel des Erlaufsees eingebettet liegt, stand vor Zeiten inmitten eines Talbodens ein stattliches Gehöft, das von reichen Wiesen und Feldern umgeben war. Hier hauste seit Jahrhunderten ein wackeres Bauerngeschlecht, das durch Fleiß und Sparsamkeit zu großem Wohlstand gekommen war. Aber dem letzten Besitzer stieg das viele Geld in den Kopf. Er begann zu verschwenden, trank die feinsten Weine, veranstaltete mit gleichgesinnten Freunden teure Gelage und ließ beim Kartenspiel und auf der Kegelbahn die Golddukaten springen. Es schmeichelte dem eitlen Mann, dass man ihn überall nur den „König vom Erlaufboden“ nannte. Kein Wunder, dass bei diesem Beispiel auch seine Frau sowie seine Söhne und Töchter nicht besser waren. In diesem Haushalt wurden allein schon täglich so viele Lebensmittel in den Abfall geworfen, dass so so manche arme Familie davon eine Woche hätte gut leben können!

Nun stand wieder einmal Weihnachten vor der Tür und alles rüstete sich für das liebe Fest. Obwohl der reiche Bauer schon längst nichts mehr vom Kirchgang und Gebet hielt, trafen doch auch er, samt Familie und Gesinde, allerlei Vorbereitungen. Da wurden die Fenster gereinigt, das Küchengeschirr blank geputzt und Vorhaus und sämtliche Stuben ausgerieben. Während auf dem großen Herd gebraten und gebacken wurde, dass die Pfannen übergingen, nahmen die Haustöchter ein wohliges Bad in lauer Milch, um schön zu sein für Tanz und Schmaus. Um zehn Uhr abends kamen von allen Seiten die Verwandten und Bekannten und das Weihnachtsgelage begann. Als die Glocken von Mariazell zur Mitternachtsmesse riefen, hatte die ausgelassene Stimmung auf dem Bauernhof eben ihren Höhepunkt erreicht. Aber siehe: Gott lässt nicht spotten, denn um Punkt zwölf Uhr stürzten von allen Berghängen ringsum unzählige Bäche nieder, vereinigten sich zu einem ungeheuren Wasserschwall, der das Anwesen und die Wiesen und Felder für immer begrub. So endete der König vom Erlaufboden samt seiner gottlosen Gesellschaft. Die grollenden Wasser füllten den weiten Talgrund aus und bilden heutzutage den schönen Erlaufsee. Heute geht mitten durch den See die Landesgrenze zwischen Niederösterreich und der Steiermark.

Das Grab im Erlaufsee

Einstens stand ganz in der Nähe des Erlaufsees eine stattliche Mühle, worin ein reicher Müller wohnte. Eines Tages führte er ein wunderschönes Mädchen als seine Braut nach Hause. Die junge Müllerin war nicht nur ein bezauberndes Mädchen, sie war auch fleißig und arbeitsam. In den Vollmondnächten jedoch löste sie ihr Haar, das bis zu den Knöcheln hinabreichte, und lief zum nahen See hinunter. Schnell zog sie ihre Schuhe aus und begann zu tanzen, bis sie vor Müdigkeit nicht mehr konnte. Einmal schlief ein wandernder Flötenspieler am Seeufer und wurde durch das Tanzen der schönen Müllerin aus seinen Träumen gerissen. Rasch griff er zu seiner Flöte und begann die herrlichsten Tänze zu trällern. Da kam ein alter Holzknecht des Weges und wunderte sich nicht wenig, als er die junge Müllerin vor dem Flötenspieler auf und ab tanzen sah. Rasch machte er sich auf zum Haus des Müllers, weckte ihn aus dem Schlaf und erzählte ihm das Erlebte. Da packte diesen der Jähzorn und er lief mit einer Heugabel in der Hand zum See hinab. Schon von Weitem konnte er seine Frau beim Tanzen

Ansichtskarte, 1902

sehen. Er warf die Heugabel nach dem Spieler, dieser jedoch konnte sich durch einen raschen Sprung auf die Seite in Sicherheit bringen und ergriff die Flucht. In seiner Wut packte der Müller nun seine Frau bei den Haaren, zog sie zum Wasser hin und stieß die Unglückliche in die Fluten. Das Wasser spritzte hoch auf, als die schöne Müllerin unter herzzerreißenden Schreien in den Fluten versank.

Der See wurde spiegelglatt und die Stelle, wo die Frau ihr Grab gefunden hatte, wurde silberhell, und ebenso verfärbte sich eine ganze Seite des Erlaufsees. Bald sah der jähzornige Müller seine unselige Tat ein und eine tiefe Verzweiflung überkam den Mann. Letztlich beschloss auch er, sein Leben in den kalten Fluten des Erlaufsees zu beenden. Das Wasser wurde dort tiefschwarz, wie auch die ganze zweite Hälfte des Bergsees. Die verlassene Mühle verfiel folglich. Ein aufmerksamer Wanderer hoch oben auf der Gemeindealpe kann erkennen, wie sich die Wasser des Erlaufsees eigenartig im Wind kräuseln. Dabei zieren oft die sonderbarsten Muster die Oberfläche des Sees, und meistens erscheint eine Hälfte silberhell und die andere graublau.

Mir ist so wohl, so weh

Franz Schubert vertonte 1817 im Herrenhaus am Erlaufsee das Gedicht „Erlafsee“ seines Freundes Johann Baptist Mayrhofer, der von 1819 bis 1821 mit ihm in einer Wohngemeinschaft wohnte.

Mir ist so wohl, so weh
Am stillen Erlafsee.
Heilig Schweigen
In Fichtenzweigen.
Regungslos
Der dunkle Schoß;
Nur der Wolken Schatten flieh'n
Überm glatten Spiegel hin.

Feenbild, was willst du mir,
So [umschwebst] du mich auch hier?
Weiche aus dem Land der Hirten.
Hier gedeihen keine Myrthen;
Schilfgras nur und Tannenwucht
Kränzen diese stille Bucht.

Frische Winde
Kräuseln linde
Das Gewässer;
Und der Sonne
Güldne Krone
Flimmert blässer.

Ach, weine nicht, du süßes Bild!
Der Wellendrang ist bald gestillt,
Und glatter See, und Lüfte lau,
Erheitern dich, du Wunderfrau.

Des Sees Rand
Umschlingt ein Band,
Aus lichtem Grün gewunden:
Es ist der Fluß,
der treiben muß
Die Sägemühlen unten.

Unwillig krümmt er sich am Steg
Von seiner schönen Mutter weg,
Und fließt zu fernen Gründen.
Wirst, Liebe! auch mit holder Hand,
Des Sängers ernstes Felsenland,
Mit Blüthenrot umwinden?

Historisches Ausflugsschiff, Erlaufsee

Erlaufsee

Wasser für die Pilger

Die Pilger waschen sich damit die Augen und trinken aus eigens dafür bereitgestellten Bechern. Sie füllen das Gnadenwasser ab, um daheim kranke Körperteile, besonders auch die Füße, damit zu waschen oder täglich einen Schluck zu nehmen, als Erinnerung an die Pilgerschaft oder als Sakrament, um eine Besserung ihres Gesundheitszustandes zu bewirken.

Nymphen und Quellgeister sind für uns Märchengestalten.

Dr. Jantsch schreibt in seinem Buch „Kultplätze“: „Warum eine Quelle heilig ist und die andere nicht, wissen wir nicht. Es wird nicht auf die chemische Zusammensetzung ankommen, es spielt etwas Geheimnisvolles mit. Wasser ist nicht gleich Wasser, das wissen wir heute. Dass man sich Quellen und Bäume früher beseelt vorgestellt hat, können wir nur schwer nachvollziehen. Nymphen und Quellgeister sind für uns Märchengestalten. Aber – wenn alles lebt, auch der Stein und der Baum, warum soll nicht auch die Quelle leben? Überall, wo fließendes Wasser ist, strahlt es.“

Der Drei-Seen-Blick

Der Rundwanderweg Drei-Seen-Blick wurde im Herbst 2015 direkt am Gipfel der Mariazeller Bürgeralpe angelegt. Entlang des Weges hat man einen schönen Ausblick auf das Bergpanorama sowie auf drei Seen im Mariazellerland:

Kristallsee-Blick: Der Kristallsee wurde im Jahre 2011 als Erweiterung der Beschneiungsanlage gebaut und umfasst ein Volumen von 44.000 m³ Wasser.

Erlaufsee-Blick: Der Erlaufsee liegt 3 km nordwestlich von Mariazell auf 827 m Seehöhe an der Grenze zwischen Steiermark und Niederösterreich.

Hubertussee-Blick: Dieser See wurde seinerzeit von der Familie Krupp angelegt und ist ein beliebtes Ausflugsziel rund 15 Kilometer nordöstlich von Mariazell an der niederösterreichisch-steirischen Grenze in der „Walstern".

Hubertussee

Die Teufelsmühle

An der Abzweigung Mühlbachgraben, wo sich noch Reste vom alten Fluter befinden, soll vor sehr langer Zeit einmal eine Mühle gestanden haben. Nicht unweit davon befindet sich der Friedensstein, ein Ort, wo so manch ausgetragener Streit beigelegt worden ist. In dieser besagten Teufelsmühle soll ein böswilliger Müller, dem auch das Räuberhandwerk nachgesagt wurde, mit seiner seelensguten Frau gelebt haben. Es wurde vermutet, dass der Müller mit seinen Leuten ahnungslose Wanderer und Wallfahrer um Geld und manche sogar um ihr Leben gebracht hat. Oft bat die Müllerin ihren Mann flehend, doch ein ehrbares Handwerk auszuüben, doch den Müller packte daraufhin eine derart große Wut, dass er ihr sogar den Tod wünschte, sollte sie ihn nicht in Ruhe lassen. Eines Tages, als die gute Frau aus dem Ort zurückgekommen war und ihrem Mann berichtete, dass die Leute nichts Gutes über seine Geschäfte zu erzählen wussten und sich von ihm betrogen fühlten, da wurde er so wütend, dass er sie bei den Haaren aus dem Haus zerrte. Sie wehrte sich und flehte um ihr Leben, doch es schien aussichtlos. Er schleppte die Unglückliche zum Brunnen und stieß sie hinab in die Tiefe. Kaum hatte er dies vollbracht, freute er sich über die Ruhe am Hof. Als er aber seine Knechte für die nächste Boshaftigkeit zusammenrief, fing die Erde zu beben an. Ein großes, dunkles Loch tat sich vom Brunnen aus auf und verschlang den Müller samt seiner räuberischen Gefolgschaft, die sich mit ihm vergeblich und hilfeschreiend am Mühlrad festzuhalten versuchte. Alle verloren durch das wilde Beben den Halt und stürzten in das tiefe Loch. Binnen kürzester Zeit war der Spuk vorbei und der Müller samt seinen Knechten war vom Erdboden verschluckt und für immer verschwunden. Das große Anwesen jedoch blieb verschont stehen. Niemand wusste, was mit den Müllersleuten geschehen war. Die freundliche Müllerin ward von diesem Tage an nie mehr im Ort gesehen, den Müller vermisste jedoch niemand. Mit der Zeit verwahrloste das Anwesen, das Dach stürzte ein und das Unkraut überwucherte Haus und Hof. Lediglich das Mühl-

Er schleppte die Unglückliche zum Brunnen und stieß sie hinab in die Tiefe.

Mühle im Holzknechtland

rad drehte sich noch langsam weiter. Da trug es sich einmal zu, dass spät am Abend, kurz vor der kompletten Dunkelheit, ein Fuhrmann vorbeikam und das Mühlrad laut gehen hörte. „Das ist doch seltsam", dachte er sich, denn sogar aus der Müllerstube waren eigenartige Stimmen zu hören. Als er sich neugierig dem verwilderten Haus näherte, wurden die Stimmen lauter, doch als er beim Fenster hineinsah, war alles wieder totenstill. Er hatte den Eindruck, dass die Mühle noch in Betrieb sei, doch konnte er nirgendwo eine Menschenseele entdecken. Voller Angst und Schauer machte er sich davon und eilte in die Ortschaft. Dort erzählte er am Wirtshaustisch über das eigenartige Treiben bei der verlassenen Mühle. „In dieser Mühle haust doch der Teufel und peinigt den Müller samt seinen Knechten für ihr frevelhaftes Verhalten!", meinte ein Bauer. „Der Teufel treibt das verdammte Raubgesindel nachts zur harten Arbeit", wusste ein anderer. Der Wirt, der den Männern beim Reden zuhörte, berichtete, dass auf dem ganzen Anwesen ein Fluch laste und erst wenn jemand den Mut aufbringe, den Leib der unglücklichen Müllersfrau aus dem Brunnen zu ziehen und diesen in geweihter Erde begräbt, wird der Spuk ein Ende finden. Nachts hört man ihr Jammern und das des Müllers und seiner Gefolgschaft bis weit in den Wald hinein. Derjenige, der es wage, die Müllerfrau zu bergen, werde im verlassenen Anwesen das Diebesgut des Müllers finden und ein reicher Mann sein, wusste der Wirt. Bis dahin werde der Satansspuk weitergehen. Viele Jahre wurden gruselige Geschichten über den „Teufelsmüller" erzählt, doch niemand wagte es, sich dem Brunnen zu nähern. Die Geschichte geriet mit der Zeit in Vergessenheit. Die Leute vom Ort machten einen weiten Bogen um die verkommene Mühle, bis eines Tages nach einer stürmischen Nacht das ganze Anwesen des „Teufelsmüllers" wie vom Erdboden verschwunden war. An seiner Stelle wuchsen die würzigsten Kräuter und Blumen. In den Kronen der Obstbäume bauten die Singvögel ihre Nester und der Platz blühte förmlich auf. Dort, wo das Mühlrad sich unheimlich gedreht hatte, rauschte ein kleines Bächlein. Die Ortsbewohner wagten es wieder, furchtlos an dem einst verfluchten Platz vorbeizugehen. Die Sage von der Teufelsmühle blieb den Leuten lange in Erinnerung.

Holz und Eisen

Das Mariazellerland verdankt dem Wald und seinem Rohstoff Holz seine eigentliche Besiedelung. Die Gegend war ursprünglich ein dichter Urwald mit Bergschluchten, undurchdringbaren Wäldern und sumpfigen Tälern gewesen. Im 12. Jahrhundert war die Gegend rund um Mariazell noch sehr wenig bewohnt. Mit dem Bau der Sudpfannen zur Salzgewinnung und zur Metallerzeugung stieg die Bedeutung des Holzknechtberufes in der Mariazeller Gegend. Um 1770 schlägerten vier „Holzknechtpassen" (insgesamt um die 100 Männer) die Urwälder zwischen Hochschwab und der Kräuterin. Jede der kinderreichen Holzknechtfamilien bewohnte eine Kammer in den sogenannten „Kasernen", stockhohen Holzhäusern mit Gemeinschaftsküche und Krankenzimmer. Im Jahre 1773 errichtete man für die Siedler eine Schule – die erste im Gemeindegebiet von Gußwerk – und eine Pfarrkirche, die dem heiligen Johannes in der Wüste geweiht war und ein Altarbild vom Kremser Schmidt birgt. Die Vegetation war reich und üppig. Der schöne Urwald war nun benutzbar geworden. Die Flüsse und Bäche wurden

Ausblick auf die Gemeindealpe vom Sagenwanderweg

als Transportwege für das Holz genutzt und um die Holztrift zu erleichtern, baute die Innerberger Hauptgewerkschaft im Jahre 1848 die steinerne Prescenyklause, die ihren Namen vom gleichnamigen Felsriegel darüber herleitet. Ihre 15 Meter mächtige Mauer hat eine Spannweite von 47,5 Metern. Der von der Klause aufgestaute See reicht 1,2 Kilometer zurück und umfasst eine Fläche von 18 Hektar. Die Klause wies ursprünglich ein Stauvermögen von 648.000 Kubikmetern auf. Wenn die Klause „geschlagen" wurde, stürzten durch jedes der Tore bis zu 1000 Kubikmeter Wasser pro Minute. Dadurch stieg das Triftwasser der Salza um einen Meter. Nach 3 ½ Stunden war der See leer; unter normalen Verhältnissen füllte er sich innerhalb von Stunden wieder. Zwischen 1901 und 1954 fuhren auf der Salza Floße, damit konnte man das Rundholz in gebundener Form transportieren. Die Floße – etwa 18 Meter lang und aus 30 Festmetern Holz bestehend – waren immer schneller als das Wasser, das sie trug. Daher musste man die Klaustore mindestens eine Stunde vor der Floßfahrt öffnen. Trotzdem erreichten die wilden Gefährte immer wieder die Schwallspitze, sodass sie unterwegs drei Mal für eine Stunde anlegen mussten – beim Brunnsee, in Fachwerk und in Palfau. Von dort konnte man die Fahrt ohne Unterbrechung bis zur Auslände in Weißenbach an der Enns fortsetzen. Die reine Fahrzeit betrug fünf bis sechs Stunden. Eine Floßmannschaft setzte sich aus dem Meister, dem Stutzenknecht und den beiden Stuhrern – derbwitzig auch die „Scheißruderer" genannt – zusammen. Täglich waren es 10 bis 15 Floße, die die gefährliche Fahrt auf der Salza antraten. Trotz der Flussbettsäuberungen forderten die Streckenabschnitte bei Wildalpen und Palfau jährlich ihre Opfer. Die Flößer arbeiteten oft bis in den Dezember hinein, wobei sie manchmal bis zum Bauch im Wasser stehen mussten. Zur Nutzung der großen Waldungen um Mariazell und Gußwerk verlängerte man die Holztrift im 19. Jahrhundert bis Großreifling, wo man das Triftholz (Schwemmholz) bei einem großen Rechen an Land brachte. In den 1980er-Jahren adaptiert, dient die Prescenyklause heute als Wasserkraftwerk.

Der von der Klause aufgestaute See reicht 1,2 Kilometer zurück und umfasst eine Fläche von 18 Hektar.

Salz wurde im Halltal verarbeitet, das Erz in Gußwerk. Dazu war Holzkohle erforderlich. Hunderte Holzknechte verdingten sich in den weiten Waldungen und bildeten ein eigenes Volk. Für Köhler und Flößer gab es ebenfalls reichlich Arbeit. Mit der Zeit entstanden Gasthäuser als Sammelplatz für Köhler, Holzknechte und Jäger in der Gegend, um sie zu bewirten und ihnen Schutz zu geben.

Es wurden in Bächen und Flüssen etliche Klausen eingebaut, um das Holz auf dem Wasserweg transportieren zu können. Die Salza, die Walster und die Erlauf waren Schwemmflüsse. Bei den Lenden brachten die Arbeiter das Holz wieder an Land. Die Namen wie Prescenyklause, Klausgraben, Erlaufklause, Rechengraben, Rechensteg, Lendstraße und Lendhaus erinnern an die einstige Bedeutung des Holztransportes auf dem Wasser im Mariazellerland. Von 1743 bis 1767 wurde das Eisengusswerk mit drei Hochöfen erbaut. Für Köhler und Holzknechte brachte das neue Werk gute Arbeitsmöglichkeiten.

Bei Gollrad wurde wahrscheinlich schon in vorgeschichtlicher Zeit Erz abgebaut, sicher jedoch im Mittelalter. Im Jahre 1742 wurde das „Eisengusswerk nächst Mariazell" gegründet. Es wurden Erzeugnisse für die Kriegsführung und das Kunsthandwerk hergestellt sowie unter anderem Eisengeschirr, Öfen, Wasserkessel und Betten. Für die Produktion gab es in Gußwerk sogar drei Hochöfen, weiters einen in Aschbach. Hunderte Menschen fanden ihre Arbeit dabei. Unangemeldet erschien am 12. Oktober 1786 der Kaiser mit einem General in Mariazell und stieg beim Posthalter ab. Sein erster Weg führte in das Eisengusswerk, das er besichtigte und über das er sich genau orientieren ließ. Er wollte auf keinen Fall diesen Rüstungsbetrieb einstellen. Der Bergbau Gollrad und in nächster Nähe der Weißgrubenstollen waren die größten und ergiebigsten. Gollrad wurde bis 1896 betrieben, die Stolleneingänge sind verfallen. Die Kirche auf dem langgezogenen Rücken mit dem Bild der hl. Barbara erinnert noch an die Zeit.

Hochofenstock in Aschbach

Der Hochofenstock in Aschbach ist eines der wenigen Zeugnisse der montanistischen Geschichte der ehemaligen Gemeinde Gußwerk, das sich noch in einem relativ guten baulichen Zustand befindet. Bei dem von der Straße aus gut sichtbaren Bauwerk handelt es sich um einen in Steinmauerwerk errichteten Turm mit einer annähernd quadratischen Grundrissform. Es ist dies der letzte Rest der Marienhütte, in der das beim Bergbau gewonnene Erz verhüttet wurde. Nach der Auflassung des alten Hochofens am nahegelegenen Niederalpl erbaute der Fabrikant Anton Fischer im Jahre 1850 die Marienhütte. Der neue Hochofen in Aschbach war 12,6 m hoch und hatte eine Tagesleistung von fünf bis sieben Tonnen Eisen. Im Hochofen war ein Winderhitzer eingebaut, das Gebläse wurde mit Wasserkraft angetrieben. Der Hochofen erzeugte Weißeisen und das Eisen für einfache Güsse des Eigenbedarfes. Im Jahr 1890 wurde der Hochofen umgebaut – ein Jahr später, 1891, wurde der Betrieb des Hochofens dann eingestellt – er wurde „ausgeblasen“, wie es in der Fachsprache heißt.

Mit dem „Ausblasen“ des letzten Hochofens brach für Arbeiter, Meister und Beamte des Gußwerkes und für die Bevölkerung eine schwere Zeit heran.

Mit dem „Ausblasen“ des letzten Hochofens brach für Arbeiter, Meister und Beamte des Gußwerkes und für die Bevölkerung eine schwere Zeit heran. Was vom Gußwerk noch übrig blieb, war lediglich der Name, der von der Hütte auf den Ort übergegangen war. Viele Familien wanderten aus.

Das Bauwerk wurde 1995 mit großem Aufwand restauriert und kann jederzeit besichtigt werden. Der Name Gußwerk steht für eine Zeit, in der in der Gemeinde die Eisengießerei bis zur Perfektion entwickelt wurde. Heute zeugen noch einige Gebäude davon und in einem, dem ehemaligen K. u. K. Amtshaus, ist das Montanmuseum untergebracht. Exponate zeugen vom handwerklichen Geschick der Eisengießer.

Die Geschichte von den Holzern

„Jo, die Holzknechtbuam müassn fruah aufstehn,
müassn's Hackerl nehman und in Holzschlag gehn.

Wann die Sunn schön scheint, und das Hackerl schneidt,
haben die Holzkechtbuama eana gröߟti Freud.

Selber melchn, kochn tuat der Holzknechtbua,
fette Spatzn essn und an Trunk dazua.

Wann da Sunntag kimmt, aft tuat's brav Geld ogebn,
tuat da Holzknecht von Wein und Bratl lebn.

Hat an Kropf da Bua und is er nou so groß,
lasst sein Jodler er do alleweil nou los."

Darstellung des Arbeitsvorganges im Holzknechtland

Ja, so heißt es im Holzknechtlied, und so ist es auch in Wirklichkeit. Kaum graut der Morgen, so wird es in der Holzknechthütte auch schon lebendig. Einsam steht sie meist am Rande des Hochwaldes, aus rohen Baumstämmen gezimmert, mit einem steilen Bretterdach oder auch nur mit Fichtenrinde gedeckt. Ein Holzer nach dem anderen verlässt sein dürftiges Strohlager, tritt in den kühlen Morgen hinaus und lässt an der nahen Quelle das frische Bergwasser über den struppigen Kopf laufen. In der Hütte wird inzwischen das Frühstück bereitet, das sich freilich vom Mittagsmahl und Abendessen weiter nicht unterscheidet. „Fette Spatzen", „Hirschen" oder „Füchse" – so heißen die Mehlnudeln und Nockerln – isst der Holzer fast zu jeder Mahlzeit. Die Hauptsache dabei ist, dass sie recht fett sein müssen. Dann wird noch schnell die Pfeife gestopft und der Tabakbeutel frisch gefüllt. Nun hinaus in den kühlen Hochwald, die blinkende Axt und die lange Zugsäge auf der Schulter!

Bald surrt die Säge im Holzschlag, und ein leises Zittern streicht über die Wipfel der Waldriesen. Grausam dringt das scharfe, zackige Eisen in das Mark des Baumes ein; unerbittlich ziehen die zwei Männer die Säge hin und her, immer tiefer und tiefer wird die Wunde. Da tritt noch ein dritter Mann hinzu und treibt mit wuchtigen Schlägen den Keil in den tiefen Einschnitt. Der Waldbaum erschauert bei jedem Schlage bis zum Wipfel hinauf; wieder surrt die Säge und Schlag auf Schlag folgt. Zuerst knistert es unheimlich im Stamme, und schon neigt sich der Riese ein wenig zur Seite. Noch ein letzter wuchtiger Schlag – der Todesstreich, die Männer springen rasch zur Seite und zuerst langsam, dann immer schneller stürzt der Waldriese unter gewaltigem Krachen zur Erde. Sausend und pfeifend durchschneidet er im Fallen die Luft, sucht Halt bei den Nachbarbäumen und zersplittert deren Äste. Eine unheimliche Stille folgt, ängstlich verstummen auf kurze Zeit alle Stimmen des Waldes; es ist das Schweigen des Todes. Der Sensenmann zieht durch den Hochwald. Gleichmütig schauen die drei Männer auf ihr gefälltes Opfer, zünden sich ein Pfeifchen an, und dann geht es wieder ans Werk. Schlag auf Schlag hallt durch den Wald, und Ast auf Ast fällt zur Erde; dann wird noch der Wipfel abgeschnitten und schließlich der Baum entrindet. Nackt und kahl liegt nun die mächtige Baumleiche im Holzschlag und die Nachbarn erwartet dasselbe Schicksal. Nach Wochen sind viele Hundert Riesen gefällt, und ein breiter kahler Streifen zieht sich durch den Hochwald: der Holzschlag.

Jeder Baumstrunk zeigt auf der Schnittfläche ein kleines Kreuzchen, das die Holzhauer in den stehen gebliebenen Strunk einzuhauen pflegen. Die Sage erzählt uns, dass einst im tiefen Wald sieben wunderschöne Wildfrauen gelebt haben; ihr liebster Aufenthalt war im Wald. Dort konnte man sehen, wie sie sich ihre langen, goldig schimmernden Haare kämmten. Als gutmütige Wesen waren sie stets bereit, den Armen zu helfen; brave Holzknechte konnten immer auf ihre Hilfe rechnen. Einmal stieg eine Wildfrau ganz hinab ins Tal und kam in einen Holzschlag, wo gerade die Holzer bei der Arbeit waren. Plötzlich sprang ein großer schwarzer Bock mit langen spitzen Hörnern aus einem Gebüsch heraus, rannte auf die Frau zu und wollte sie aufspießen. Als ein Holzknecht das sah, hieb er schnell mit seiner Axt drei Kreuzchen in den Baumstrunk. Die Wildfrau eilte hinzu und setzte sich darauf. Der wilde Bock aber rannte mit gewaltigen Sprüngen vorbei und verschwand im Walde. Die Wildfrau war gerettet; sie dankte dem guten Holzer für die Hilfe und forderte ihn auf, sie in der Höhle zu besuchen. Später kam der Holzknecht in große Not, und da erinnerte er sich an die Wildfrau. Er suchte die Höhle auf, wurde von den Frauen liebreich aufgenommen und erhielt zum Abschied eine goldene Axt. Wo er mit der Axt hinschlug, da fand er stets einen Schatz; so wurde der arme Holzknecht ein steinreicher Mann.

Plötzlich sprang ein großer schwarzer Bock mit langen spitzen Hörnern aus einem Gebüsch heraus, rannte auf die Frau zu und wollte sie aufspießen.

Kohlenstücke werden zu Gold

Eine Magd im Hause eines armen Bauern wollte einmal zeitlich früh Feuer machen, um für die Hausleute ein spärliches Frühstück zubereiten zu können. Damals gab es weder Streichhölzchen noch Feuerzangen und die Menschen mussten mühsam aus Feuersteinen Funken schlagen, mit denen sie dann einen trockenen Zunderschwamm zum Glühen brachten. Die Magd bemühte sich lange Zeit vergebens, brachte aber kein Feuer zustande; alles war umsonst, der Schwamm wollte nicht glühen. Verzweifelt warf sie einen Blick aus dem Fenster hinaus und bemerkte auf der Höhe des Kogels

ein hell brennendes Feuer. Schnell nahm sie eine eiserne Pfanne und eilte den Berg hinauf. Richtig brannte oben ein helles Feuer und eine merkwürdig verschleierte Frau saß daneben und lächelte sie an. Die Magd bat sie um ein wenig Glut, doch die Frau sagte freundlich: „Nimm bitte alles!" Die Magd jedoch war zu bescheiden und gab lediglich ein paar Glutstücke in die Pfanne und eilte wieder hastig zurück in den Hof. Sie hörte noch die verzweifelten Schreie der Frau nachrufen: „Nun muss ich abermals Tausende Jahre warten, bis mich jemand erlöst." Die Magd verstand die Bedeutung der Worte nicht, wollte schnellstens das Essen für die Hausleute zubereiten. Doch als sie versuchte, die glühenden Stücke aus der Pfanne zu entnehmen, verwandelten sie sich dabei zu funkelnden Goldstücken. Die Magd verkaufte das Gold, bekam so viel Geld dafür, dass sie sich selbst ein schönes Bauerngut leisten konnte, und lebte von da an ohne jemals Not zu leiden. Oftmals warf sie einen Blick auf den Kogel, doch nie mehr kam ihr ein brennendes Feuer am Berg zu Gesicht.

Der Holzknecht und der Teufel

Im Hinterrotmoos bei Weichselboden lebte einst ein Holzknecht in einer einsamen Holzkeusche alleine mit seiner alten Mutter. Als diese starb, war er ganz alleine und konnte sich nicht entschließen, eine Frau zu nehmen. Er war fleißig und sparsam und widmete sich in seiner kargen Freizeit nur seiner kleinen Landwirtschaft mit ein paar Ziegen. Nur an hohen Festtagen wie zu Ostern, Pfingsten und Weihnachten ging er nach Weichselboden zur Kirche. Außer diesen Tagen hatte er noch einen besonderen Feiertag, wo er sich mit seinen Arbeitskollegen in der Kirche und anschließend im Gasthaus traf. Dieser Tag war das Fest des hl. Klements, des Schutzpatrons der Holzknechte, am 23. November. Als er wieder sein Festtagsgewand, den lodenen Steireranzug, aus dem Kasten holte und sich zu diesem Feste mit seinen Kollegen traf, hatte er länger als gewöhnlich im Gasthaus verweilt und war erst nach Mitternacht aufgebrochen und ein Liedchen vor sich her singend nach Hause gegangen. Als er zu seiner Keusche kam, war die Eingangstür angelweit offen, und in der schwarzen Kuchl, wo er auf offenem Feuer immer sein klägliches Mahl bereitete, saß auf der Esse ein schwarz gekleideter Geselle.

Erschrocken über diese Begegnung, forderte er den Fremden auf, sofort sein Haus zu verlassen, ansonsten er mit dem Sappelstiel nachhelfen werde. Doch der Schwarze machte keinerlei Anstalten, den Raum zu verlassen. Der Holzknecht fragte, wie er hereingekommen sei und was er wolle. Da sagte der Schwarze in einem kaum verständlichen Dialekt: „Hätt'st zuagsperscht, hätt'st eingschirrt, donn wär ich vorbeipirscht." Der Holzknecht konnte aus diesen Worten vorerst nicht klug werden, was gemeint sei, und forderte den ungebetenen Gast erneut auf, sofort zu verschwinden und hielt schon seinen Sappelstiel in der Hand. Aber auch diese drohende Gebärde machte auf den Eindringling keinen Eindruck. Der Holzknecht, ein großer, starker Bursche, welcher vor nichts Angst hatte, schwang nun das Holz über den Buckel des Schwarzen. Dieser ließ sich das nicht gefallen und setzte sich auch zur Wehr. Der Holzknecht leistete ihm erbitterten Widerstand und es begann eine wütende Rauferei, und gar bald landeten beide im Freien, wo die Balgerei unvermindert weiterging. Einmal war der Schwarze obenauf, dann wieder der Holzknecht, so ging es den Weg hinunter, der zur Keusche führte.

Der Holzknecht mit seinen großen Kräften war bei lokalen Raufereien, wie sie manchmal vorkamen, immer Sieger geblieben, aber diesmal begannen seine Kräfte langsam nachzulassen, während man bei seinem Gegner derlei nicht wahrnehmen konnte. So kam ihm erstmal der Gedanke, dies könne kein normaler Mensch, sondern es müsste der Leibhaftige selber sein. Es begann Angst in ihm aufzusteigen und er fing im Stillen zu beten an. Für einen kurzen Moment hatte er seine rechte Hand frei bekommen, da machte der Holzknecht auf die Stirn das heilige Kreuzzeichen und rief: „Herrgott hilf!“ In diesem Augenblick war der Schwarze verschwunden, wie vom Erdboden verschluckt, nur ein starker Schwefelgeruch lag in der Luft.

Er machte auf die Stirn das heilige Kreuzzeichen und rief: „Herrgott hilf!“

Schweißgebadet, erschöpft und am ganzen Körper zitternd ließ sich der Holzknecht auf einen Baumstock nieder. Es fielen ihm wieder die merkwürdigen Worte des Fremden ein, und er begann sie zu enträtseln. „Hätt'st zuagsperscht“ sollte wohl heißen, dass er sein Haus nicht zugesperrt hatte. „Hätt'st eingschirrt“ sollte heißen: „Hättest die Glut zusammengeschirrt und mit Asche bedeckt“, „dann wär ich vorbei pirscht“ hieß „dann wäre ich vorbeigegangen!“

Noch immer am ganzen Körper zitternd wurde es ihm nun zur Gewissheit, dass er mit dem Teufel selbst gerauft hatte! Er beschloss zu dieser Stunde, an dieser Stelle, wo der Teufel von ihm gelassen hatte, aus Dankbarkeit eine kleine Kapelle zu errichten.

Später wurde anstelle der alten Holzknechthütte ein Haus für vier Holzknechtfamilien gebaut. Diese Hausleute haben die Kapelle immer gepflegt und instandgehalten, sodass sie noch immer an die Stelle erinnert, wo ein armer Holzknecht durch das Zeichen des heiligen Kreuzes aus den Klauen des Satans befreit wurde.

Der Höllentorwart von Mariazell

In der Nähe von Mitterbach bei Mariazell stand vor etlichen Jahren ein kleines Wirtshaus, wo die Holzknechte der Umgebung an Sonn- und Feiertagen zusammenkamen, um sich bei Spiel und Sang zu unterhalten, dabei natürlich auch manch tüchtigen Trunk zu tun und nicht zuletzt nach altem Holzknechtbrauch ordentlich zu raufen. Einer dieser Holzarbeiter war diesem Brauch besonders zugetan; er war wegen seiner Wildheit weit und breit bekannt und hieß deswegen auch der „schreckliche Sepp“. Das Raufen an Sonn- und Feiertagen war ihm geradezu zum Bedürfnis geworden, ebenso wie der Fusel, den er an solchen Tagen in großen Mengen zu sich nahm.

Es war am Feste Christi Himmelfahrt. Scharenweise pilgerten die Leute nach dem Gnadenort Mariazell, um ihre Andacht zu verrichten. Auch der schreckliche Sepp, bekleidet mit einer grauen, grün ausgeschlagenen Lodenjacke, rotem Brustlatz, gamslederner Kniehose, grünen Strümpfen, groben Schuhen, auf dem Kopf ein grünes Hütchen mit Gamsbart und unternehmungslustig nach vorn gerichtetem Spielhahnstoß – eine Aufforderung an die ihm Entgegenkommenden zum Raufen –, machte sich auf den Weg. Aber nicht die Absicht, die Kirche zu besuchen, führte ihn nach Mariazell, der Wunsch zu raufen, trieb ihn an den Wallfahrtsort. „Heute ist Feiertag, heute muss gerauft werden, auf jeden Fall und um jeden Preis!“, sagte sich der Sepp und ging von einem Gasthaus zum anderen, um eine Gelegenheit zum Raufen zu finden. Aber alle seine Reden und Herausforderungen zogen nicht, niemand wollte den hohen Feiertag durch eine Rauferei entweihen.

Mit sich und der Welt unzufrieden, weil er seine Rauflust nicht befriedigen konnte, machte sich der Holzknecht zu Mittag auf den Heimweg. „Gerauft muss heute noch werden, koste es, was es wolle, was geht mich der Feiertag an!“, brüllte der Betrunkene und stänkerte alle ihm Entgegenkommenden an, ohne aber den gewünschten Erfolg zu erzielen. „In dem Wirtshaus bei Mitterbach wird es wohl genug Leute geben“, so tröstete er sich schließlich, „da kann ich mich austoben!“ Aber so viel Leute und Kameraden er hier auch traf, keiner wollte sich heute in einen Handel mit ihm einlassen.

„Sepp“, meinten die Holzknechte, „Sepp, der heutige Tag ist doch für eine Rauferei zu heilig. Setz dich nieder und sei ruhig!“

„Nein“, schrie der Sepp wütend, „ich muss heute noch raufen, und wenn's mit dem Teufel selbst wäre!“ Grölend lief er bei der Tür hinaus und begann zu schimpfen, um damit zur Rauferei herauszufordern. Da erscholl vom nahen Wald her ein gellender Jauchzer. „Ha“, rief der Sepp, „da drinnen steckt einer, der mit mir raufen will. Jetzt kann's losgehen!“ Und unter lautem Rufen eilte er dem Wald zu und verschwand bald im Gebüsch.

Sepps Kameraden schüttelten nachdenklich die Köpfe. Ihnen wollte es gar nicht gefallen, dass der Tag durch eine Rauferei entweiht werden sollte. Sie kannten Sepp und seine Stärke und wussten, dass er nach der Rauferei wieder im Wirtshaus erscheinen und sich mit seiner Heldentat brüsten würde. So warteten sie denn gespannt auf seine Wiederkehr. Aber Stunde um Stunde verstrich, der wilde Sepp kam nicht. Es vergingen Tage und Wochen; Sepp war und blieb verschwunden.

Oft sprachen die Holzknechte noch vom Sepp und rieten hin und her, was ihm wohl zugestoßen sein mochte. Keiner wusste seinen Aufenthalt, nichts war von ihm zu erfahren, seine Hütte blieb verschlossen.

Drei Jahre vergingen. Wieder war das Fest Christi Himmelfahrt und die Holzarbeiter gingen wie üblich von ihrem Arbeitsplatz im Wald nach Mariazell zum Gottesdienst. Wortlos gingen sie dahin. Als sie in die Nähe der Keusche des schrecklichen Sepp kamen, brach einer das Schweigen und meinte: „Was wohl aus dem wilden Sepp geworden sein mag? Heute sind es gerade drei Jahre, dass wir ihn im Wirtshaus bei Mitterbach zum letzten Mal trafen. Ich sehe ihn noch vor mir, wie er eilig in den Wald lief. Noch immer höre ich seine letzten Worte: ‚Jetzt kann's losgehen!‘“

Währenddessen waren sie an die Hütte des Sepp herangekommen und sahen – o Wunder! – den wilden Sepp voll Ruß und Schweiß bei der Hüttentür auf einem Holzklotz sitzen.

„Ja, Sepp", riefen sie, ihn umringend, „wo kommst denn du daher? Wo bist du denn so lang gewesen? Warum hast du gar nichts von dir hören lassen?"

Der Sepp hob abwehrend die Hand und gab durch Gesten zu verstehen, dass er durstig sei und vor allen Dingen zu trinken wünsche. Schnell lief einer der Holzknechte, das Gewünschte zu bringen, und nachdem sich der durstige Holzfäller mit einem tüchtigen Schluck aus dem Wasserkrug gestärkt hatte, begann er zu erzählen.

„Als ich heute vor drei Jahren in den Wald ging, kam mir einer entgegen, von dem ich glaubte, er wolle es mit mir aufnehmen. Ich forderte ihn zum Raufen heraus, aber er packte mich mit ungeheurer Kraft, und zugleich öffnete sich die Erde unter meinen Füßen. Wir sanken beide immer tiefer, bis wir in der Hölle landeten. Hier bedeutete mir mein Überwinder, dass ich zur Strafe für meine Rauflust an dem hohen Festtag in der Hölle den Dienst des Torwarts zu versehen hätte. Zu essen bekam ich genug, aber nichts zu trinken, denn alles Flüssige verdampft wegen der großen Hitze in der Hölle sofort. Auch zum Schlafen ließ mir mein Dienst keine Zeit, weil es ständig zu tun gab. Man sollte nicht glauben, wie viele Leute täglich zur Hölle wandern. Kaum hatte ich eine Partie abgefertigt, war schon wieder eine neue da. Kurz, ich habe während der ganzen drei Jahre kein Auge zugetan. Erst heute wurde ich von meinem Dienst abgelöst, und mein Vorgesetzter erlaubte mir, mich schlafen zu legen. Als ich erwachte, fand ich mich hier in meiner Hütte."

Wir sanken beide immer tiefer, bis wir in der Hölle landeten.

Sepp wusch sich, wechselte sein Gewand und ging sodann mit seinen Kameraden in die Gnadenkirche nach Mariazell. Mit seiner bösen Rauflust aber war es von dieser Stunde an vorbei.

Legende vom heiligen Hubertus

Hubertus wurde als Sohn des Herzogs Bertrand von Toulouse um das Jahr 655 geboren. Als Edelmann verstand er es hervorragend, mit Waffen umzugehen, und er erwarb sich im Jahre 687 in der Schlacht von Tertry große Verdienste, für die er mit der Heirat der Grafentochter Floribana von Löwen und mit der Würde des höchsten Beamtenstatus belohnt wurde.

Nachdem seine Frau bei der Geburt des ersten Sohnes starb, suchte Hubertus jahrelang auf der Jagd in den Wäldern des Ardennengebirges Ablenkung von seinem Schmerz. Eines Tages begegnete er einem kapitalen, weißen Hirsch, dem er tagelang nachstellte, bis er sich immer tiefer in die Wälder verirrte und schließlich das erschöpfte Tier ins Visier seiner Waffe bekam. Doch ehe er zum tödlichen Schuss abdrücken konnte, offenbarte sich ihm eine mächtige Vision: Er sah ein leuchtendes Kreuz zwischen dem Hirschgeweih und vernahm eine mahnende Stimme: „Hubertus, warum jagst du nur deinem Vergnügen nach und vertust die wertvollste Zeit deines Lebens?"

Tief berührt von diesem Ereignis beschloss er, sein Leben zu ändern. Er legte all seine Ämter zurück, verteilte seine Reichtümer an die Armen, ließ sich zum Priester weihen und pilgerte nach Rom. Später wurde er um das Jahr 700 zum Bischof von Maastricht geweiht. Im Jahre 727, nach einem bewegten Leben, starb er mit 77 Jahren – ein für die damalige Lebenserwartung sehr hohes Alter. 993 wurde er in das amtliche Verzeichnis der Heiligen aufgenommen. Freilich gibt es verschiedene Versionen der Legende, und es wird behauptet, dass die Szene mit dem Hirsch eigentlich aus dem Leben des heiligen Eustachius stammt und erst nachträglich auf St. Hubertus übertragen wurde.

Die tatsächlichen, historischen Ereignisse spielen aber eine untergeordnete Rolle, wenn wir uns mit der tieferen Botschaft der Legende befassen. Der weiße Hirsch mit dem Kreuz ist wohl ein Symbol für die Heiligkeit allen Lebens, das der Mensch nur allzu oft für seine Ziele ausbeutet. Nicht nur die Natur um uns, sondern auch diejenige, die in uns ist, wird für vieles geopfert, das vor dem Hintergrund der Ewigkeit jedoch keinen Bestand hat. Heutzutage gibt es zahlreiche Argumente für und wider die Jagd. Immer noch wird dem erlegten Wild nach altem Brauch ein Tannenzweig in den Mund gelegt, als Zeichen des Respekts vor dem Leben und der Opferung an den Schöpfer.

Hubertus ist nicht nur Schutzpatron der Jäger, auch gegen die im Mittelalter sehr gefürchtete Tollwut betete man zu ihm: Mit einem glühenden „Hubertus-Schlüssel" wurden Wunden von Tierbissen desinfiziert und anschließend mit dem „Hubertus-Wasser" gereinigt.

Der warnende Berggeist

Unter dem gläubigen Bergbauvolke herrscht überall, sowohl in Eisen- als auch in Kohlen- und andren Bergwerken, der Glaube an den Berggeist oder an Bergmännchen und deren Gefolge, den kleinen Gnomen. Diese Vorstellung hat sich aus der grauen Vorzeit bis auf unsere Tage noch immer recht lebhaft erhalten und ist nicht ohne heilsamen Einfluss auf das Gemüt der Knappen, indem diese in ein stetes, wohltätiges Grauen und in der Furcht Gottes erhalten bleiben. Der Glaube, dass der Berggeist den Bergbau selbst wie auch die Geschicke der Arbeiter in selbem überwacht, gewährt dem Bergmann Trost und Zuversicht bei seiner schweren und gefährlichen Arbeit in der dunklen Nacht der unterirdischen Tiefe. Alle unerklärbaren Vorkommnisse und Erscheinungen werden demselben zugeschrieben. Das Bergmännchen weist dem frommen und fleißigen Grubenmanne die dankbaren Stellen zum Aufschließen des Erzes an, er hilft ihm selbst bei der Arbeit oder warnt ihn, wenn schlimme Gefahren, böse Wetter oder unterirdisches Wasser drohen. Wohl gibt es Knappen, die den Glauben der Kameraden nicht teilen und sich diesen lächerlich machend darüber hinwegsetzen; wenn aber einem von ihnen etwas passiert, dann hat sich an demselben, nach der Überzeugung der gläubigen Genossen, das Bergmänn-

Das Bergmännchen weist dem frommen und fleißigen Grubenmanne die dankbaren Stellen zum Aufschließen des Erzes an.

Almhütten im Mariazellerland

chen gerächt. Die Bergleute versuchen daher alles zu vermeiden, was den gnomenhaften Beherrscher der unterirdischen Räume erzürnen könnte; sie hüten sich sorgfältig, den mächtigen Geist durch Schreien und Lärmen im Schachte und im Stollen zu reizen; vor allem aber wagen sie es nicht, etwaige Zweifel an dem Dasein desselben laut auszusprechen. Seine Rache ist furchtbar und schon mehr als einer hat seinen Frevel mit dem schrecklichen Tode gebüßt. Wem aber der Geist wohlwill, dem hilft er, was er vermag, und warnt ihn sogar, wenn sein Leben bedroht ist.

Die Bergmännlein im Hammerwerk

Vor langer Zeit ging der Wächter des Hammerwerkes, das nicht weit von Mariazell in der Steiermark stand, in einer mondhellen Herbstnacht nach Hause. Als er an einem Felsen vorbeikam, tat sich der Stein plötzlich auf und heraus traten die Bergmännlein, etliche zu Fuß, andere zu Ross, und schlugen die Richtung gegen das Werk ein. Obwohl den Wächter ein Grauen erfasste, kehrte er um und schlich dem Zuge nach. Als die Reiter das Gebäude erreicht hatten, stiegen sie ab und banden ihre Rösser an eine Linde. Das Fußvolk hatte mit ihnen Schritt gehalten. Ein Bergmännlein öffnete die Tür und trat ein, die anderen folgten ihm. Mann für Mann traten sie ein und der Letzte schloss hinter ihnen zu. Leise schlich der Wärter zur Tür und guckte durch ein Astloch in die Schmiede. Da sah er die Männlein bereits alle bei der Arbeit. Fast zur gleichen Zeit spähte auch ein Bergmännlein durch das Astloch heraus und sagte zu seinem Gefährten: „Steck das Loch zu!“ Da schlug das andere Männlein einen Zapfen durch das Astloch und traf das Auge des Wächters. Der Verletzte verspürte heftige Schmerzen. Er eilte unverzüglich zum Schmied und berichtete ihm, dass die Bergmännlein in seinem Hammerwerk arbeiteten. Als der Meister das hörte, begab er sich mit dem Wächter zur Schmiede, sperrte leise die Tür auf und rief: „Feierabend in Gottes Namen!“

Salza

Auf diesen Ruf trat ein Bergmännlein hervor, reichte ihm das Eisen, an dem sie soeben geschmiedet hatten, und sprach: „Dieses Stück Eisen wird nie zu Ende gehen, wenn du es nicht auf einmal verarbeitest.“ Nun wendete sich der Wächter an das Bergmännlein und bat, die Zwerge möchten ihm verzeihen. „Nehmt mir nicht übel, dass ich euch belauscht habe“, sagte er. „Es ist doch meine Pflicht, das Hammerwerk zu bewachen!“ Die Männlein waren ihm jetzt freundlich gesinnt. Sie schenkten ihm einen Stein und sagten: „Damit kannst du nicht nur dein Auge heilen, sondern helfen, selbst wenn sie ganz erblindet sind."

Das Eisenstück brachte dem Schmied eine Zeit lang großen Nutzen, sein Wohlstand mehrte sich. Als er jedoch einmal das Eisen benötigte, verarbeitete er das ganze Stück, sodass nichts davon übrig blieb. Von diesem Tage an ging es mit dem Glück des Schmiedes rasch bergab.

Die Sage von der bestraften Neugier

Im Ötschergebiet hausten einst drei Berggeister. Der eine hatte einen spitzen Hut, der andere einen runden und der dritte Berggeist schließlich trug einen grünen Hut. Daher wurden sie Spitzhütel, Gupfhütel und Grünhütel genannt. Sie erwiesen manchen Menschen Gutes, trieben aber auch zahlreichen Schabernack. Eines Tages ging ein armer Schmied von Neuhaus über den Zellerrain nach Mariazell. Beim Erlaufsee hielt er Rast und murmelte nur so zu sich: „Wenn ich doch nur genug Geld hätte, dann baute ich eine schöne Schmiede, nähme einen Gesellen auf und meiner Frau und meinen Kindern ginge es auch viel besser." Da stand plötzlich ein kleines Männlein vor ihm, auf dem Kopf trug es ein grünes Hütlein. Es sprach: „Da du das Geld zum Arbeiten haben möchtest und nicht zum Faulenzen, so werde ich dir helfen. Hier hast du einen Geldbeutel. Öffne ihn aber erst daheim, ja nicht vorher. Dann wirst du genug haben, um eine Schmiede kaufen zu können." Da war das Zwerglein auch schon wieder verschwunden und der Schmied begab sich auf den Heimweg. Immer wieder griff er nach dem Geldbeutel und fragte sich, wie viel Geld wohl drinnen sei. Irgendwann war der Punkt erreicht, an dem er seine Neugier nicht mehr zügeln konnte und den Beutel behutsam öffnete. Erschrocken ließ er ihn zur Erde fallen. Aus den Münzen waren Mistkäfer geworden. Da lief er davon, so schnell er konnte. So ergeht es jenen, die neugierig sind und ihr Versprechen nicht halten.

Die Mariazellerbahn

Die Mariazellerbahn gehört zu den schönsten und atemberaubendsten Bahnstrecken Österreichs. Was sich dem Fahrgast heute als eindrucksvolles Denkmal über hundert Jahre alter Technikgeschichte präsentiert, das sich noch dazu nahtlos in eine idyllische Landschaftsszenerie einfügt, war zur Zeit seiner Erbauung eine wahre Pionierleistung unter den Eisenbahnerbauern.

Schon in den frühen Jahrzehnten der österreichischen Eisenbahngeschichte kamen Pläne auf, den berühmten Wallfahrtsort Mariazell durch eine Bahnlinie mit St. Pölten zu verbinden. Aber erst 1895 wurde beschlossen, zunächst eine Lokalbahn von St. Pölten ins Pielachtal zu errichten, um die dortigen Gemeinden ans Eisenbahnnetz anzuschließen. Bei der Wahl der Spurweite musste eine etwaige

Ansichtskarte, 1972

Fortsetzung der Strecke nach Mariazell einkalkuliert werden, weshalb man sich für eine Schmalspurbahn mit 760mm Spurweite entschloss. Nebenbei wurde von Ober-Grafendorf ausgehend eine Zweiglinie nach Mank errichtet, die später unter dem Namen „Krumpe" im Volksmund bekannt werden sollte. 2010 gänzlich eingestellt, wurde zumindest der Abschnitt Ober-Grafendorf–Rammersdorf revitalisiert und 2019 als Museumsbahn wieder in Betrieb genommen.

Denkmal für die Erbauer Fogowitz und Engelmann

Wir springen über ein Jahrhundert zurück. Sowohl Haupt- als auch Nebenstrecke gingen im Juli 1898 in Betrieb. Auf der Hauptstrecke bahnt sich die Eisenbahn ihren Weg zunächst an zahlreichen Feldern vorbei, die der Natur durch ihre Bewirtschaftung abwechslungsreiche Muster verleihen, ehe sich nach Rabenstein das Tal verengt und sich Bahn wie Straße gemeinsam mit der Pielach nur wenige Meter Raum teilen müssen. Inmitten dieses Streckenlaufes lag im Jahr der Streckeneröffnung der vorläufige Endpunkt der Strecke: Kirchberg an der Pielach. Erst im neuen Jahrhundert, im Jahr 1905, nahm die Lokalbahn den Betrieb nach Laubenbachmühle auf, das den Ausgangspunkt der berühmten Bergstrecke bildet.

Von dieser lieblichen Gegend aus schlängelt sich die Bahn seit 1907 über zahlreiche Brücken und Viadukte sowie durch ebenso viele Tunnel in zwei Kehren den Berg hinauf und schmiegt sich hierbei eindrucksvoll an die steilen Hänge zwischen Erlauf- und Natterstal. Kann man zwar von unten schon das Hotel Winterbach sehen, dauert es auch heute noch einige Minuten, bis eine Zuggarnitur die Steigung bewältigt hat. Auch vice versa geht es kaum schneller voran und immer wieder hört man, dass sich Kinder und Jugendliche mit dem Zug ein Wettrennen liefern, indem sie die Hänge querfeldein zur Station Laubenbachmühle hinunterlaufen, um dort zeitgleich mit der abwärtsfahrenden Garnitur anzukommen.

Oben aber in Winterbach wandert die Strecke weiter den Bergrücken entlang gen Mariazell. Es wird der über zwei Kilometer lange Gösingtunnel, der auch den

Bahnhof Mariazell Panoramazug Himmelstreppe und historischer Zug Ötscherbär

Scheitelpunkt der Strecke markiert, durchquert, ehe sich dem Fahrgast nun auf der rechten Seite der Blick auf den nahegelegenen und majestätisch thronenden Ötscher eröffnet, der fortan in zahlreichen Wendungen umfahren wird, bis er sich schließlich vom Endpunkt Mariazell aus seinem Betrachter in voller Pracht mit seiner mächtigen und schroffen Südwand präsentiert.

> **Die Ötschergräben, die heute auch liebevoll „Grand Canyon Niederösterreichs“ genannt werden.**

Zunächst aber werden noch die beiden Stauseen, der Lassingstausee und der Erlaufstausee passiert, die angelegt wurden, um die Bahn zur Jahrhundertwende mit Strom versorgen zu können. Wienerbruck am Lassingstausee bildet einen der Ausgangspunkte für Wanderungen durch die Ötschergräben, die heute auch liebevoll „Grand Canyon Niederösterreichs“ genannt werden. In Mitterbach schließlich überquert die Mariazellerbahn die Landesgrenze und führt fortan noch einige Kilometer bis zu ihrem Endpunkt, dem Bahnhof Mariazell, der allerdings in St. Sebastian gelegen ist und von wo aus noch gut zwei Kilometer Fußweg bis ins Zentrum zu bewältigen sind, um den Gnadenort schließlich zu erreichen. Dort findet man – nur wenige Meter von der Basilika entfernt am Fuße der Hochstiege – ein Denkmal, das zu Ehren der Erbauer Josef Fogowitz und Eduard Engelmann errichtet wurde.

Museumstramway mit Lokomotive „Hellbrunn"

Bis 1988 war die Mariazellerbahn auch ins nahegelegene Gußwerk gefahren, von wo aus über Jahrzehnte hin Holztransporte ihren Ausgang genommen hatten, die aber ein jähes Ende fanden. In den folgenden Jahren blickte die Bahn ihrem Niedergang entgegen und stand kurz vor der Schließung, ehe sich das Land Niederösterreich ein Herz fasste und die Mariazellerbahn in Form der Niederösterreichischen Verkehrs Organisationsges.m.b.H. (NÖVOG) übernahm und in neue, ungeahnte Höhen führte. In Laubenbachmühle wurde ein modernes Betriebszentrum errichtet, zahlreiche Bahnhöfe wurden revitalisiert und ein neuer Fuhrpark angeschafft, der unter dem klingenden Namen „Himmelstreppe" über die Schienen gleitet und mit seinen Panoramawägen an den berüchtigten „Glacier Express" erinnert. So ist die Mariazellerbahn heute wieder ein Touristenmagnet und verlässliches Transportmittel für Pilger. Und an vielen Wochenenden im Jahr verzaubern die mustergültig restaurierte Dampflokomotive „Mh.6" oder die liebevoll erhaltenen, über 100 Jahre alten Lokomotiven der Baureihe 1099 mit ihrer „Ötscherbär"-Garnitur die Herzen der Bahngäste. Bei der Strecke zwischen Mariazell und dem Erlaufsee handelt es sich um keine aufgelassene Eisenbahnstrecke. Sie wurde in den Jahren 1976 bis 2015 vollkommen neu gebaut und selbst die Gleisanlagen von den Aktivisten der Museumstramway in freiwilliger Arbeitsleistung hergestellt.

Peter Rosegger in Mariazell

Der steirische Heimatdichter Peter Rosegger war ein gläubiger Christ und Zeit seines Lebens Katholik. Trotzdem stimmte er nicht in allen Belangen mit der katholischen Kirche überein, was ihm auch Kritik einbrachte. Rosegger hatte von klein auf eine sehr starke Verbindung zu Mariazell. Er sah in der Gnadenmutter Maria eine Beschützerin und fühlte sich von ihr behütet. Wenn er auf der Weide war, ein Unwetter aufzog, er sich im finsteren Wald befand, die Wölfe heulen hörte oder nachts nicht schlafen konnte, weil er zu viel grübelte und tausend Ideen im Kopf hatte.

Er sah in der Gnadenmutter Maria eine Beschützerin und fühlte sich von ihr behütet.

Als für die Bauernarbeit zu schwacher Junge geschah ihm oft ein Missgeschick und einmal wurde er am Feld vom Ochsenwagen mit der Egge geschleudert, der dem Vater am Felde auskam und der Vater Lorenz konnte ihn mit letzter Mühe retten – er rief zu den Wolken um Gnade und Hilfe empor „Unsere liebe Frau Mariazell" und es ging noch einmal gut, nur die Kleidung vom Peterl war zerfetzt und von seinen schmalen Waden rann das Blut – doch der Vater versprach als Dank mit dem Jungen eine Pilgerreise nach Mariazell zu unternehmen. Peter zeigte sich sofort begeistert von der Idee, denn seitdem er von diesem Ort wusste und die Bildchen im Gebetbuch gesehen hatte, hatte er eine ganz besondere Vorstellung von Mariazell und fertigte sogar Zeichnungen von dem schönen Ort mit der großen Kirche an. Am Tag des hl. Michael, dem 29. September, brachen Peter und sein Vater zu ihrer mehrtägigen Reise auf, nachdem sie sich die Füße gegen die Kälte mit Unschlitt eingerieben hatten. Sie wanderten nach Krieglach und weiter in das Tal der Veitsch. Sie übernachteten im Stall eines Bauern, nahmen in der Veitscher Kirche an der Morgenmesse teil und zogen dann den Psalter betend weiter, Hut und Rosenkranz in der Hand. Er war glückselig und nahm die anstrengende Reise sehr gern auf sich. „In der Wallfahrtskirche, griff der Vater vor dem Altar in die Hosentasche und holte etwas in einem grauen Papier Eingewickeltes hervor, er legte es mit zitternder Hand auf den Altar – es war ein Eisenzahn von unserer Egge" – so der kleine Rosegger.

Im Buch: Waldheimat – Erzählungen aus der Jugendzeit – beschreibt Peter den Weg nach Mariazell in der Geschichte „Zur lieben Frau in Mariazell".

„Mariazell schien mir damals nicht allein als der Mittelpunkt der Herrlichkeit der Erde, sondern auch als der Mittelpunkt des Gnadenreiches unserer lieben Frau. Und so oft wir nun nach jenem Gelöbnisse auf dem Felde oder im Walde arbeiteten, musste mir mein Vater all das von Zell erzählen, was er wusste, und auch all das, was er nicht wusste. Und so entstand in mir eine Welt voll Sonnenglanz und goldener Zier – voll heiliger Bischöfe, Priester und Jungfrauen, voll musizierender Engel und inmitten unter ewig lebendigen Rosen die Himmelsgöttin Maria. Und diese Welt nannte ich – Mariazell."

Sommertage an der Salza

„Am 3., 4. und 5. September [1895] mit Frau und Tochter eine Bergpartie gemacht über Au, Seewiesen, Seeberg, Brandhof, Wegscheid, Kastenriegel, Höll, Ring, Weichselboden, Schöder, Gschaid, Gußwerk nach Mariazell. Wie sehr trocken ist sie, diese Tagebuchnotiz und wie viel Inhalt hat sie für den, der die kleine Gebirgsreise macht. Drei Tage lang in den Alpen unter wolkenlosem Himmel – weiß man, was das sagen will in unserer wetterwendischen Zeit?

Die Sonne ging schon über, als der zackige Zellerturm uns entgegenfunkelte. Ich habe an Wallfahrtsorten mancherlei auszusetzen gefunden, dabei aber nie die Bedeutung bestritten, die eine weite Wallfahrt im Gemüte des Volkes hat. Maria-Zell ist mir ans Herz gewachsen. Selbst das Steinpflaster verehre ich dort vor dem Gnadenaltare, denn darauf sind unsere Vorfahren, die vergangenen Geschlechter, gekniet, gläubig ihr Anliegen den Himmlischen opfernd. Nicht in jeder Kirche wird gebetet, wo Leute knien und die Lippen bewegen. Und hier, in dem der Wallfahrer, der müde und beladen mit Kummer vor dem Bildnisse lauert, ist jeder Gedanke ein Gebet. Weinende Menschen machen mir das Herz rebellisch, ich kann nicht zusehen und am wenigsten spotten, wie es wohl auch zu geschehen pflegt bei müßigen Wassern.

Maria-Zell ist kein Lourdes, wo Priester gerader Hand eingreifen, dass „Wunder" geschehen. Die Geschichte von Maria-Zell kann eigentlich nicht einmal gegen das Gewissen Andersgläubiger verstoßen. Ein frommer Mönch hat aus Lindenholz ein Muttergottesbild geschnitzt und es verehrt. Andere Leute haben in der

Verehrung (nicht Anbetung) desselben Bildes Trost und Seelenfrieden gefunden, Fürsten haben in Not der Heilandsmutter gedacht und nach überstandener Gefahr dem schlichten Bilde ein Gotteshaus erbaut als erste Kulturstätte in dieser Alpenwildnis. Das geht alles natürlich zu, im Rahmen der Menschennatur und der Geschichte. In dieser Zeit, die den außerirdischen, unpraktischen, will sagen, ungeschäftlichen Idealen so abhold ist, berührt es eigentümlich, in einem so herrlichen Tempel den Flug des Glaubens zu sehen. Und wäre es eine Moschee oder eine Synagoge, wo der Mensch sein armes Herz einem hohen Ideale zuwendet, dort heimelt es mich an und die Stätte verehre ich. Darum bleibe stehen im Kranze der Berge, du schöner Bau aus Menschenhand, du süßer Maienglaube in steinernem Gebilde, du heiliges Salve Regina!"

Zur Rückreise von Mariazell bemerkt Rosegger: „Auf der Heimreise am dritten Tag hatte ich, wie immer nach erregten Stunden, körperliches Ungemach zu tragen. Sonnenbrand und heißer Staub taten der schwer atmenden Lunge weh und doch war die Seele jauchzend. Ich hatte wieder so viel Erhabenes gesehen und empfunden; ich danke dem Himmel dafür umso inniger, als es für mich unverhofft war, ein solches Wanderglück in den Alpen der Steiermark noch einmal zu erleben. Und wie so oft und in noch größerem Maße ist es seither noch erlebt worden!"

Rosegger selbst war stets ein Suchender, sei es in der Natur oder bei den Menschen und bei sich selbst. „In Deinem Herzen musst Du den Himmel suchen, in Deiner Seele musst Du ihn haben. Genau in Deiner Seele, in der die kleinen Freuden und Leiden des heutigen Tages wohnen, ist das große, ewige Himmelreich, ist der Anfang dieses Himmelreiches – sobald du nur willst. Die Unruhe der Welt führt zur Ruhe in Gott". Bis 1906 besuchte Rosegger an die 50 Mal Mariazell, zuletzt sogar mit der Eisenbahn. Er beschäftigte sich mit dem Thema Marienverehrung und besuchte auch weitere Wallfahrtsorte wie Maria Schutz oder Mariatrost, sparte jedoch auch nicht mit Kritik an der Geschäftemacherei:

„Ein Vaterunser mit Ave Maria kostet drei Kreuzer, ein Rosenkranz zwanzig Kreuzer, eine lauretanische Litanei mit den dazugehörigen Gebeten zehn Kreuzer, ein Gelobt sei Jesus Christus wird als Draufgabe dazugethan. Höher im Preise steht ein Rutschen auf den Knien um den Altar, oder gar ein ausgestrecktes Liegen in Kreuzesform auf dem kalten Steinpflaster. – Warum Christus einst gerade nur jüdische Schacherer aus dem Tempel getrieben hat? Weil damals noch keine anderen drin waren." (Heimgarten XVII, S. 829)

Rosegger und das Ameisln

Die mühsame Tätigkeit, aus dem Ameisenhaufen deren Puppen zu entfernen und zu trocknen, wird als „Ameisln“ bezeichnet und derjenige, der diese Methode des Sammelns von Ameisenpuppen praktiziert, wird als „Ameisler“ bezeichnet. In Mariazell war für diese Tätigkeit der Keuschler Moritz bekannt. Er fiel durch seine Kleidung und sein Werkzeug, das er ständig auf dem Buckel mit sich trug, auf.

„Wir ‚Amastrager‘ sind weit und breit
bekannt als arbeitssame, brave Leut’,
Wir werden von Jedermann hoch geehrt,
denn unser Gewerb’ ist schätzenswerth,
und wollen wir einen guten Braten, einen guten Wein,
so kehren wir bei unserer Frau Wirthin ein.“

Peter Rosegger schreibt, dass die Ameiseneier in Markt und Stadt als Futter für gefangene Vögel verkauft wurden (Die Älpler, 1886: S. 404f.), und hat sogar eine Geschichte daraus gemacht. Die Puppen wurden jedoch auch zum Füttern von Fischen und Fasanen verwendet.

Der Ameisler, erzählt von Peter Rosegger

Im Walde kannst du manchmal einem sonderbaren Mann begegnen. Seinem zerfahrenen Gewande nach könnte es ein Bettelmann sein; er trägt auch einen großen Sack auf dem Rücken. Aber über diesem Bündel und an all seinen Gliedern, von der bestickten Beschuhung bis zum verwitterten Hut, laufen in aller Hast zahllose Ameisen auf und nieder, hin und her, in Schreck und Angst, und wissen sich keinen Rat in der fremden, wandelnden Gegend, in die sie geraten.

Der Mann ist ein Ameisler. Er geht aus, um die Puppen der Ameisen, die Ameiseneier, zu sammeln, die er in Markt und Stadt als Futter für gefangene Vögel verkauft. Er sammelt auch die Harzkörner aus den Ameisenhaufen, um solche als den in der Bauernschaft beliebten Waldrauch, der in den Häusern besonders bei

Krankheiten als Räucherungsmittel dient, oder gar als Weihrauch zu kirchlichen Zwecken zu verwerten.

Da geht der Ameisler in den Nadelwald auf die Suche. Vor dem Wildschützen erschrickt er nicht, aber dem Förster weicht er aus. Endlich findet er einen Ameisenhaufen. Der ist zumeist an einen halbvermoderten Baumstock hingebaut und in Form eines bisweilen meterhohen Kegels aufgeschichtet aus dürren Zweiglein und Splitterchen, aus den abgefallenen braunen Nadeln der Bäume. Er ist über und über lebendig, und die unzähligen Tierlein rieseln beständig durcheinander hin und wieder, zu den tausend kleinen Stollen und Schächten aus und ein, jedes eine Last auf sich oder eine solche suchend. Über diese Gemeinde kommt plötzlich das Unglück. Kaum, daß der Mann in die Nähe kommt, geraten die Ameisen in größere Hast. Sie laufen wirr durcheinander, überstürzen sich, purzeln eine über die andere hin, ergreifen Nadeln, Körner, um sie wieder fallen zu lassen. Anstatt sich in die Löcher zu verkriechen, eilt alles aus denselben hervor, so dass die Oberfläche des Haufens ganz schwarz wird und ein wildes Drängen und Wogen entsteht. Der Ameisler reibt seine Hände noch mit Terpentin oder einem anderen Öl ein, damit sie gegen die Ameisensäure gestählt sind; dann erfasst er seine Schaufel und reißt den seit Jahren mit unsäglichem Fleiße kunstvoll aufgeführten Bau auseinander. Die Tierchen spritzen

Der Ameisler reibt seine Hände noch mit Terpentin oder einem anderen Öl ein, damit sie gegen die Ameisensäure gestählt sind.

noch wehrhaft ihre scharfen Säfte gegen den Feind; aber nun, in dem Greuel und Schreck der Zerstörung, wo diese unter den Trümmern begraben sind, andere dem grellen Tage bloßgelegt, andere verstümmelt, erdrückt – denken sie an nichts mehr als an ihre Kinder, die Puppen! Jede stürzt sich auf eine Puppe, um sie zu retten, zu verbergen; in den Trümmern der Stadt, das wissen sie, sind sie nicht sicher: also fort, hinaus ins Freie in den Wald!

Aber der Ameisler sputet sich; denn auch er will die Puppen und bevor diese verschleppt sind, tut er seinen Leinwandsack auf und stopft und kraut und scharrt den ganzen Ameisenhaufen mit allem, was drum und dran ist, in den Sack. Der Haufen war gut bevölkert gewesen. Wohl an fünfundzwanzigtausend Puppen mag er in sich geborgen haben, ein hoffnungsvolles Geschlecht, und jetzt im Sacke des Räubers! Dieser bindet ihn zu, wirft ihn auf die Achsel, und indem er über und über voll von Ameisen ist, eilt er mit der Brut weiter durch Wald und Schlucht, um neuen Fang zu tun. Und findet er wieder einen Haufen, so macht er's wie mit dem ersten, und die Ameisen, große und kleine, samt ihren Puppen, samt dem Nadelgefilz ihres Baues, samt ihren Harzkörnern und Vorratskammern kommen in den Sack, bis er voll ist. Wir beschreiben den Jammer der Gefangenschaft nicht. Wir können vergleichsweise nur sagen: Wie wäre den Menschen zumute, wenn sie mitsamt ihrer Stadt und allem, was darin ist, in einen großen Sack gesteckt würden!

Der Ameisler sucht nun einen geschützten, sonnigen Anger. Dort breitet er auf dem Rasen ein großes, weißes Tuch aus. Am Saume des Tuches ringsum legt er grünes Laubwerk, über das er dann den Rand des Tuches zurückschlägt. Nun öffnet er den Sack und schüttet den ganzen Inhalt desselben mitten auf das Tuch. Einstweilen hat hernach der Ameisler nichts zu tun. Er kann sich in den Schatten des nahen Waldsaumes hinlegen, Brot und Speck aus dem Schnappsacke holen, mag sich hernach eine Pfeife anzünden und guten Mutes sein. Die Ameisen sind von ihrer ärgsten Qual erlöst. Sie nehmen ihre Freiheit wahr, aber auch die Gefahr, die sie noch immer bedroht; sie eilen, laufen, rennen. Sie kommen an den Rand, wo das grüne Blattwerk ist. Das heimelt sie an. Doch nicht an ihre eigene Rettung denken sie. Rasch kehren sie zurück, jede zu einer Puppe, um sie aus dem Trümmerwerk ins Grüne zu tragen. Der Ameisler schaut aus seinem Schatten dem Treiben und „Auslaufen" der Ameisen zu. Sichtlich wachsen die Häuflein der Puppen, die sie unermüdlich aus dem Wüste schleppen und am Rande abladen, wo das hingelegte Blätterwerk ist, so daß die Tiere glauben, dort fängt schon das freie

Land an, während sie die Eier doch noch auf dem Gebiete des Feindes ablegen. Sie haben mit ihrem Rettungsversuch nur wieder für den Ameisler eine mühsame Arbeit verrichtet, haben ihm die Puppen vom Wust gesondert und die Häuflein gesammelt. Jetzt steht der Ameisler auf, nimmt sein blechernes Becherlein und füllt es immer wieder mit den aufgehäuften, gelblichweißen Puppen, um sie in den dazu bereiteten Behälter zu tun. Hat der Ameisler die Eier untergebracht, so macht er sich an den toten Wust, der auf dem Tuche zurückgeblieben ist. Aus diesem weiß er die wohlriechenden Harzkörner zu ziehen und kehrt sonach mit doppelter Beute in sein Dorf zurück, um im nächsten Jahre die Gegend wieder abzugehen, was etwa die Ameisen neuerdings beisammen hätten.

Die Spieler, erzählt von Peter Rosegger

Es waren einmal vier Holzknechte. Diese hatten gar keine Religion mehr; sie besuchten keine Kirche und fluchten in einem fort, so dass schier jedem gläubigen Christmenschen das Grausen anging. Einst, es war gerade am hl. Abend, stiegen sie auf die Steinwand hinauf, setzten sich nieder und begannen Karten zu spielen, dabei fluchten und schalten sie so, dass selbst des Himmels Langmut zu Ende ging und dunkle Wolken die glitzernden Sternlein und den silbernen Mond bedeckten. Um Mitternacht zur Metten, als die Glocken von Mariazell zur Wandlung läuteten, saßen die vier Spieler auf einmal ganz still da, spielten nicht und sahen sich ins bleiche Antlitz. Sie waren zur Strafe für ihren Frevel in Stein verwandelt worden und müssen nun so bleiben, bis der Letzte von Mariazell kommt.

An diese „Spieler" knüpft sich noch ein anderer, weitbekannter Glaube. Die Wallfahrer, wenn sie vom Gnadenorte wieder heimkehren, bemühen sich nämlich durch das zerklüftete Gestein nach dem blauen Himmel zu sehen. Erblicken sie ihn, so ist's gut und sie gehen dann erleichtert wieder nach

Hause; sehen sie aber nicht zwischen den versteinerten Spielern durch den Himmel, so sind sie das letzte Mal in Mariazell gewesen.

Einst kehrte eine große Wallfahrerschar von Mariazell wieder heim. Darunter befand sich auch ein junger Bursche, keck und voll Vorlautheit, der sich auf dem Rückweg viele ungebührliche Scherze erlaubte. Als man zum Kirchlein in der Wegscheide kam, blickten alle nach den Spielern und zwischen diese durch nach dem Himmel. Gar viele sahen das Firmament, ja die Meisten und darunter auch der Bursche. Da jauchzte dieser laut auf und meinte, jetzt könne er flott leben; er käme ja nochmals nach Mariazell. Dahin wolle er jedoch erst in sehr langer Zeit wieder einmal und so werde er gewiss steinalt werden. Kaum hatte er dies gesagt, so stürzte er lautlos zu Boden und war mausetot. Und da sich dies noch auf dem Boden des Mariazeller Pfarrsprengels zugetragen hatte, so wurde seine Leiche wieder zurück nach dem Markte gebracht und auf dem Mariazeller Friedhof beerdigt. Der Bursche war also doch wieder nach Mariazell gekommen, freilich viel früher, als er es gewollt hatte. Es war dies die Strafe der Spieler für seinen Übermut, denn sie dulden es nicht, dass man ihnen Spott treibe.

Erzherzog Johann und Mariazell

Unvergessen lebt im Volke,
der des Volkes nie vergaß! (A. Grün)

Erzherzog Johann (1782–1859) ist, kurz gesagt, der steirische Mythos schlechthin und zweifellos eine der populärsten Gestalten im kulturellen Gedächtnis unseres Landes. Seine edle Herkunft vom „allerhöchsten Herrscherhaus" hat dazu ebenso stark beigetragen wie seine Volkstümlichkeit und Volksverbundenheit. Er verkehrte freundlich und leutselig in schlichtem Auftreten und durchzog im grauen Jagdrock als einfacher Jäger die Täler. Der Erzherzog zählte zu den Wohltätern des Volkes aus dem Hause Habsburg. Als Sohn Kaiser Leopolds II. und Bruder von Kaiser Franz I. stand er nicht nur dem Herrscher sehr nahe, sondern ebenso eng dem Leben des einfachen Volkes. Seine Ehe mit der Postmeistertochter Anna Plochl war für die meisten seiner Zeitgenossen ungewöhnlich. Wobei er meinte, „dass nämlich Anna ihm so gut wie als Verkörperung der ganzen Steiermark galt". Eine Kombination zwischen höchstmöglicher Abkunft und einem einfachen Leben mitten unter den Menschen kann als Zugrundelegung des „Mythos Erzherzog Johann" gesehen werden. Seine wichtige Verbindung zur Steiermark ist jedoch einem Zufall zu verdanken.

Die Steiermark war seine zweite Heimat – nach dem von ihm über alles geliebten Tirol. Erzherzog Johann hatte Andreas Hofer im Freiheitskampf gegen die Bayern unterstützt. Erst nach dem Scheitern dieser Unternehmung wandte er sich dem Land hinter dem Semmering zu – von Wien aus gesehen. Weilte der Erzherzog nicht gerade auf seinem südlich von Wiener Neustadt romantisch gelegenen Schloss Thernberg, so waren es mehrere Orte in der Steiermark, wo er sich am liebsten aufhielt. Hier waren es besonders zwei Lieblingsplätze, die er bevorzugte, Pickern und die Gegend am Seeberg. Das nachfolgende, aus dem Slowenischen des Davorin von M. Vehovar übersetzte Gedicht besingt diese:

Brandhof und Pickern

Zwei Stellen sind dir lieb und wert vor allen,
Wo gern Dein hoher Geist der Ruhe pfleget,
Dass Dir, vom ew'gen Tatendrang beweget,
Stets neue Kräfte durch die Adern wallen.

Brandhof und Pickern! – die ihr in den Hallen
Der grünen Wälder euch stillwirkend reget,
Ihr Oreaden! Kommt heran und leget
Auf sie des Glückes reichstes Wohlgefallen.

Und Du, Bewohner jener heil'gen Stellen,
Du Wende, Deutscher! Auf zum Himmel flehe,
Dass ihm noch lang des Lebens Stunden quellen.

Und Freude nur sein treues Haupt umwehe:
Denn, was sein Herz für jene Stellen hege,
Für euer Wohl hat's doch die wärmsten Schläge!

Brandhof am Nordabhang des Seeberges

Erzherzog-Johann-Denkmal auf dem Vogelbühel

Der Prinz im Mariazellerland

Wie er aus dem 1818 erworbenen Brandhof am Seeberg in der Obersteiermark eine beispielgebende Musteralpenwirtschaft errichtet hatte, so war er auch in Pickern eifrig und erfolgreich auf Verbesserungen bedacht. Viele Stellen der Briefe Erzherzog Johanns weisen darauf hin, dass er gerne in die Steiermark kam. Er war – wie weithin bekannt – der Gründer der Steiermärkischen Landwirtschaftsgesellschaft (Gründung 1819). In dieser Eigenschaft sowie als deren erster Präsident bereiste er die ganze Steiermark und errichtete allerorten landwirtschaftliche Filialen.

Sehr eng ist der Bezug des „Steirischen Prinzen" zum Mariazellerland. So wird in einer Biografie genau beschrieben, wie er bei seiner ersten Reise mit 14 Jahren bei Mariazell die Steiermark erstmals betrat, lieben und schätzen lernte. Berühmt ist sein Ausspruch auf dieser Reise „man fühlt sich in eine andere Welt versetzt". Die nach ihm benannte Erzherzog-Johann-Warte auf der Mariazeller Bürgeralpe, die 1908 erbaut wurde, ist bis weit über die Grenzen nach Niederösterreich zu sehen und erbietet gleichsam den Willkommensgruß für die Besucherinnen und Besucher der Grünen Mark. Am Brandhof am Seeberg heiratete er auch seine Anna.

1914 wurde dem Steirischen Prinzen ein Denkmal nach einem Entwurf von Friedrich Weghaupt auf einem Hügel, dem Vogelbühel, außerhalb von Mariazell errichtet. Die Statue dafür wurde in der Metallfabrik Krupp in Berndorf aus Bronze gegossen. Dieses Standbild, welches den Prinzen als Jäger zeigt, wurde am 11. Mai 2009, seinem 150. Todestag, um 15.00 Uhr am Hauptplatzbrunnen von Mariazell mittels Kran aufgestellt. Der Erzherzog thronte den ganzen Sommer 2009 vor der Basilika mit Blickrichtung zu seinem geliebten Brandhof und blickt nun wieder vom Vogelbühel aus auf Mariazell.

Erzherzog Johann bezeichnete sich als „Erster Tourist". Als der „Steirische Prinz", als 21-Jähriger im Jahre 1803 die erste touristische Überquerung des Hochschwabgebirges durchführte, berichtete er darüber: „Zu Anfang des 19. Jahrhunderts waren unsere Gebirge vollkommen unbekannt. Es gab keine Touristen, ich war der erste, welcher von dem österreichischen Schneeberge aus die steiermärkischen Alpen sehend, mich dahin wandte. Aus den Gebirgen entspringen die Wasser, diese beherrschen die Ebenen, dort ist noch der Menschheit Kern, von da muss Rettung ausgehen … die Ruhe in der Natur hat den höchsten Reiz und ich gestehe es, ich möchte jeden Sommer in Einsamkeit vierzehn Tage verleben, um den moralischen Unflat abzulegen, den man in der großen Welt leider erhält … Hell waren alle Alpen, die Witterung ruhig, die Luft warm. Längs der Schneide zog ich hinab, dem Seeberg zu, sah das Glühen der Alpen bei niedergehender Sonne, ein herrliches, ergreifendes Schauspiel, betete herzlich zu Gott, den Schwaben vor Augen und kehrte erquicket nach Hause zurück. So einen Genuss gibt keine Stadt, gibt keine große Gesellschaft …"

Es gab keine Touristen, ich war der erste, welcher von dem österreichischen Schneeberge aus die steiermärkischen Alpen sehend, mich dahin wandte.

Von 1850 bis zu seinem Tode im Jahr 1859 war der Erzherzog der erste frei gewählte Bürgermeister von Stainz, was seine Stellung als „bürgerlicher Adeliger" besonders gut illustriert. Von den Menschen wurde er angeblich stets als einer der Ihren anerkannt.

Die Tagebücher Johanns zeigen heute noch sehr deutlich, dass er nicht bloß ein volksverbundener Prinz war, sondern vielmehr ein großer menschenfreundlicher Reformer. Er lebte die Rolle als politischer Anführer, wohltätiger Vermittler, großer Erneuerer und weiser Bewahrer. Als Inhaber wichtiger öffentlicher Ämter, ob in der Zentral- oder Landesverwaltung, trug er selbst vielfach unpopuläre Maßnahmen mit und führte in Summe ein „Leben für die Anderen“, so der Titel einer im Jubiläumsjahr 1959 erschienenen Biografie. „Es wird eine Zeit kommen, wo man mich kennen wird – wo man einsehen wird, was ich gewollt, was ich gethan, wie und wofür ich gelebt habe [...], der Same, den ich gestreuet hatte, und noch ausstreue, wird einst Früchte tragen und Früchte des Guten, weil ich es für das Gute gewollt, getan.“

Im Jahre 1811 übergibt Erzherzog Johann seine Sammlungen den Ständen und begründet so das Joanneum, die Landesbibliothek (1820), das Landesarchiv (1821).

Seine Äußerung aus dem Jahr 1822: „Ich fand in den Bergen Kraft, Treue, Einfalt, ein noch unverdorbenes Geschlecht. [...] Die Gewissheit ward mir klar, es habe Gott die Berge als Schutzwehr gesetzet gegen die Zeit, es sei in ihnen nicht umsonst Armut, Kampf des Menschen mit der Natur, dies habe die Bewohner kräftig an Seele und Leib erhalten, zerstreut wohnend sie die alte Erinnerung und Treue an Gott geblieben“, wirkte wie Balsam auf die Seele der einfachen Bevölkerung und so bezeichnete er sich sehr gerne als erster Tourist zu Anfang des 19. Jahrhunderts.

Der Volksschullehrer Klodwig Thalhammer schrieb in einem im Eigenverlag herausgegebenen „kurzen Lebensabriss für das Volk“ über den Prinzen: „Da ihm durch die Begeisterung für das Alpenleben, für Gebräuche und Sitten, Sagen und Lieder der Bevölkerung, vielseitig die Gelegenheit geboten war, auch mit den untersten Schichten der Gebirgsleute [sic!] in Fühlung zu kommen, wurde er besonders bei den Tirolern und Steiermärkern beliebt und geschätzt.“ Johann Krainz, der bekannte Sagenerzähler, veröffentlichte im Jahre 1881 ein Buch „Erzherzog Johann, der Schutzengel der Steiermark“.

Heute ist die Zahl an Produkten, die unter der Bezugnahme auf Erzherzog Johann angeboten werden, kaum mehr zu überschauen und ebenso beruft man sich sehr gerne auf die „joanneische Denkensweise“. Das Romantische seines Lebenslaufes überwiegt heute noch in der Meinung der Bevölkerung, ebenso wie seine Liebe zur Natur und sein Bestreben, Tradition und Moderne in Einklang zu bringen. Er galt als Vorreiter in Sachen Industrie und Technik und war maßgeblich daran beteiligt, dass die Südbahnstrecke, die Wien mit Triest verband, über den Semmering, also durch die Steiermark, gebaut wurde.

Die drei Schützen

Zu Brandhof im Stübchen des Prinzen
Johann von Österreich,
da hängen zwei schöne Bilder,
Seh'n wackeren Männern gleich.

Der Eine mit ernster Stirne,
Im Auge der Hoheit Blitz
Darunter steht zu lesen
Gar kurz: „Der edelste Schütz!"

Der Andere mit großem Barte,
Das Auge der Frommheit Sitz,
Darunter steht zu lesen
Gar kurz: „Der getreue Schütz!"

Von diesen beiden Schützen
Wer war der edle wohl?
Das war Herr Max, der Kaiser,
Der Schütz im Land Tirol.

Er trug eine Kron' auf dem Haupte,
Ein Heldenschwert in der Hand,
Er trug aber auch im Herzen,
Sein liebes Volk und Land.

Von diesen beiden Schützen,
Wer war der getreue wohl?
Das war Andreas Hofer,
Der Sandwirth aus Tirol.

Er trug einen Bauernkittel,
Er trug eine Büchs' in der Hand,
Er schrieb den fremden Gästen
Die Zeche mit Blut an die Wand.

Das sind die beiden Schützen,
Zu Brandhof dort im Bild,
Darunter steht ein Dritter,
Mit Augen ernst und mild.

Der trägt einen Rock von Loden,
Der trägt einen Jägerhut;
Ein Fürsten-Hut und Mantel
Steht ihm nicht minder gut.

Der Schütz ist edel durch Ahnen,
Ist edel durch eig'ne That,
Ist edel durch frommen Willen;
Ist edel durch weisen Rath.

Doch ist auch der edle Schütze
Getreu seinem Volke dabei,
Getreu seinem Kaiser und Lande
Seinen lieben Alpen getreu.

Wer ist wohl der edelste Schütze,
Der auch der getreue'ste zugleich?
Es ist der Prinz im Brandhof,
Johann von Österreich.

Johann Gabriel Seidl, Die Warte an der Donau, Österreichische Zeitschrift Nr. 158, S. 23. Jahrgang 1. Oktober 1841

Anna von Aussee, erzählt von Peter Rosegger

„Vater, erzähle uns doch wieder einmal die Geschichte von der schönen, tugendreichen Anna in der Bergwildnis, und wie der Prinz gekommen ist und sie zur Frau genommen hat." „Seid still, Kinder, und betet. Es läuten die Glocken", sagt der Vater. „Die Gemalin des Erzherzogs Johann ist heute gestorben."

Es war dazumal im österreichischen Kaiserhaus ein Prinz, der sah mit seinen gesunden Augen schon damals, was schön ist, und hat nicht erst viel gefragt, was andere dazu meinen. Dieser Prinz kam oft in das Gebirge herein und freute sich nicht allein am Wilde, sondern auch am Wald, nicht allein an den Fischen, sondern auch an dem See, nicht allein an den Sennerinnen, sondern auch an den Felsen mit dem Edelweiß und dem Alpenglühen; er war halt anders als die Leute, die nur Solchem zustreben, wovon man „was herabreißen kann". Des Prinzen Einkehrhaus in Aussee war beim Postmeister.

Der alte Plochl aber, der traute ihm nicht recht; mit hohen Herren ist nicht gut Kirschen essen, sie werfen einem die Kerne gerne ins Gesicht. So ist der Prinz wieder einmal gekommen und die Ausseer Leut' gleich drunter und drüber: Der Prinz Johann! Der Prinz Johann! Sie haben gar nicht gewusst, was für Freud' und Ehr' sie dem lieben Herrn antun sollen. Wie er vom Gebirge niedersteigt, da haben sie am Toplitzsee, zwei Stunden von Aussee, heut steht noch der Denkstein dort, weißgekleidete Kranzjungfrauen aufgestellt und die sollen dem Prinzen Blumen in die Hand geben und einen schönen Gruß aufsagen. „Das ist brav", sagt der Prinz und kneift Eine und die Andere ein wenig an die Wange, „ihr seid ja kreuzsaubere Dirndln! Aber was ist es denn mit Der dort?" Weil Eine hinten stand, ganz am Fliederbusch und sich nicht vorgetraute. War aber doch die Schönste unter Allen. Ist der Prinz zu ihr hingetreten: „Nun und du? Magst denn du mich nicht, dass du mir dein Sträußel nicht willst reichen?" Sie ward rot wie ein Hagebuttenröslein, guckte zu Boden und sagte nichts. „Wie heißt du denn?" fragt sie der Prinz. Anna heißt sie. Er sagt nichts mehr und sie wendet sich hinweg und muss bitterlich weinen, und weiß selber nicht, was sie so verdrossen hat. Der Prinz fragt einen Nebenstehenden, wem es denn zugehöre, das schüchterne Kind? Ja, das wäre des Postmeisters Annerl. Er hatte es bisher im Posthause kaum zu sehen bekommen, aber von jetzt an setzt er sich nicht ungern in die Familienstube und schaut den Weibsleuten zu, wie sie flink nähen und stricken, sagt dem Einen und dem Anderen ein schönes Lob; zu dem Annerl, das die schönen Äuglein von der Arbeit niemals wegwenden will, sagt er gar nichts.

Jetzt aber auf einmal, bei welchem Schick, das weiß ich nicht, sie müssen gerade zufällig einen Augenblick mit einander allein gewesen sein, nimmt der Prinz das Mägdlein bei der Hand und fragt wie ein anderer Bursch, ob sie ihm gut sein könne. Er habe sie sehr lieb, lieber als all die anderen Leute zusammen. Darüber ist die Anna bis ins Herz hinein erschrocken und hat am ganzen Leib gezittert wie ein gefangenes Täuberl. Dass sie nicht Nein gesagt hat, war dem Prinzen genug. So will er mit dem Vater, dem Postmeister, reden. Der Plochl hat zum Prinzen gerade so gesprochen, als wär' er ein gewöhnlicher Mensch: Er sollt' sich's noch einmal überlegen, er selber werde sich's auch überlegen, und wenn die Anna einverstanden ist und wenn er meint, dass er mit ihr glücklich sein wird und auch sie glücklich machen für das ganze Leben, wie sie's verdient, so könne man ja noch davon reden. Jetzt ist's aber gewesen, dass die Anna auf eine Wirtschaft des Prinzen Johann nach Vordernberg gekommen ist, wo er es erfahren hat, was sie für ein kluges, fleißiges und überaus gesinntes Wesen ist. Dem Vater Plochl, war es aber nicht zu Sinn, dass sie so im Haus, das dem Prinzen gehört, fortlebt, und man weiß nichts. So schreibt er dem Prinzen: „die Anna soll nach Hause kommen, die Leut', tun schon so viel reden." Der Prinz Johann schreibt zurück: „Die Anna wird nach Hause kommen, aber mit mir und als meine Braut."

Darüber ist die Anna bis ins Herz hinein erschrocken und hat am ganzen Leib gezittert wie ein gefangenes Täuberl.

Die Anna ist später auf des Prinzen Gut Brandhof gewesen, das zwischen dem Hochschwab und der Hochveitsch im Gebirge liegt. Dort hat sie der Kaiser selber besucht und ihr zugeredet, sie solle zurücktreten, eine so ungleiche Heirat wäre nichts. Sagt d'rauf die Anna: „Wenn ich meinen Erzherzog glücklich machen kann, so stehe ich nicht zurück."

Denkt sich der Kaiser: „So Eine gefiele mir selber" und macht sie zur Baronin Brandhof. Nicht lange d'rauf hat zu Vordernberg die Hochzeit stattgefunden. Das ist gewesen am 18. Februar 1827. Die Braut war dreiundzwanzig Jahr' alt, der Bräutigam das Doppelte. Dass der Prinz Johann ein gescheiter Mann war, das hat man längst gewusst und ist's im Steirerland auch überall zu spüren, aber dass er gerade die zur Frau genommen hat, die ihm am besten gefallen, war noch das

Allergescheiteste. Die kluge Anna, Frau Baronin muss man jetzt sagen, hat sich gleich dreingeschickt. Schlicht und treuherzig, fein und vornehm zugleich. Und wenn sie was durchsetzen hat wollen, da war sie fest bei der Sache. Im Sommer hat sie auf den Gütern des Prinzen in Steiermark eine ausgezeichnete Landwirtin abgegeben, im Winter ist sie zu Wien auch manchmal die Weltdame gewesen und kein Mensch hat ihr die Postmeisterstochter von Aussee angesehen. Am liebsten ist's ihr aber doch in ihrer Häuslichkeit und Familie gewesen bei ihrem Johann und nachher auch beim lieben kleinen Franz, welcher ihr 1839 geboren ward. Im Jahre 1859 ist der Tod gekommen, hat den Erzherzog abberufen. „Anna", soll der Sterbende noch gesagt haben, „Du bist mir eine treue Freundin gewesen. Noch zu dieser Stunde danke ich Gott, dass er mir dich zur Lebensgefährtin gegeben hat."

„Jetzt ist sie ihm nachgereist in die Ewigkeit. Sie ist sehr wohltätig gewesen und erst im vorigen Jahre haben die Steirer das achtzigste Geburtsfest der damals noch so rüstigen und munteren Frau mit Freuden und Dankbarkeit gefeiert." Als der Vater so erzählt hat, schwatzt der kleine Hans vorlaut d'rein: „Aber die rechte Geschichte ist das doch nicht gewesen. Wo ist denn die Postmeistertochter, die als Postillion verkleidet, den Prinzen durch's Land hat geführt?"

„Schlingel, wenn du's besser weißt, so erzähl' ein andermal selber", sagt der Vater. „Das mit dem Postillon ist ja Alles erlogen. Nun kommt, Kinder! Die Glocken schweigen. Das Märchen ist verklungen."

Erzherzog-Johann-Warte Mariazell

Aussichtswarte, Bürgeralpe

Ein Ausblick von der 21 m hohen Warte auf der Bürgeralpe vermittelt die Schönheit der Region Mariazellerland. Bereits seit 1855 gibt es einen Aussichtsturm, der ursprünglich aus Holz gebaut war. Die Sektion Mariazell der ÖTK übernahm 1881 die Rekonstruktion des Turmes, erhöhte ihn um ein Stockwerk und bei Vollendung war sogar der Erzherzog am 19. Juni 1882 zur Eröffnung der einstigen Erzherzog Franz Carl-Warte zu Gast. Im Erzherzog-Johann-Jahr 1959, zum 100. Todestag des Erzherzogs, wurde die heute steinerne Warte auf seinen Namen umbenannt. Die Restaurierung der Warte erfolgte dann 1981 durch die neuen Eigentümer, die Mariazeller Schwebebahnen GmbH, und im Jahre 2006 wurde sie abermals generalsaniert. Über 100 Stufen gilt es zu erklimmen, damit die Besucher sich mithilfe genauest beschriebener Hinweistafeln und Bildlegenden einen Überblick über das Mariazellerland verschaffen können.

Nachwort:
Ort der Begegnung

Orte der Begegnung nehmen im Mariazellerland von jeher eine zentrale Rolle ein und bieten die Chance, nicht nur die Vielfalt und Verschiedenheit von Menschen wahrzunehmen, sondern auch den Zusammenhalt einer Gesellschaft in alltäglichen sowie nichtalltäglichen Situationen sichtbar zu machen. Somit kann nicht nur ein soziales Miteinander, sondern auch eine Begegnung mit sich selbst, wie bei der Erfahrung zum Pilgern, stattfinden. Das Mariazellerland ist seit der Gründung Mariazells im Jahre 1157 für Menschen vieler Länder nicht nur ein Zufluchtsort für Gnade, Hilfe und Trost, sondern ein Entdeckungsreiseziel mit zahlreichen Perspektiven für die ganze Familie geworden.

Kalvarienberg

Heute besuchen das Mariazellerland Menschen aller Alters- und Berufsgruppen und aller Bildungsschichten. Wallfahrt scheint längst nicht mehr die Sprache nur der sogenannten „einfachen Leute" zu sein. Kinder und junge Menschen, Alte, vom Leben Enttäuschte und Leidende, Lachende und Weinende, Arbeitssuchende, Arme, Reiche und Sportliche – Menschen aus allen Schichten unserer bunten Gesellschaft – kommen nach Mariazell und finden zu sich selbst oder zueinander, sei es im Gespräch oder im Stillen. Mariazell, ein Ort der Begegnung, schafft eine Basis für ein friedliches Miteinander und respektvolles Umgehen mit sich, mit anderen und mit der Natur. Ein bereits im Jahre 1785 von Johann Franz Xaver Arnold geschriebenes und im Verlag Apler in Wien veröffentlichtes Buch beschreibt im folgenden Auszug die „Reise nach Mariazell".

„Vor Liebhaber der Naturgeschichte und Wirtschaft, vor Menschen, auf welche besonders schöne Gegenden und ihre Abwechslungen Eindruck machen, endlich vor Männern, welche sich über leblose Gegenstände erheben, und den Menschen, ohne vom Eindruck großer Städte verdorben zu sein, in seiner natürlichen Lage sehen wollen, ist diese Reise wichtig und angenehm. Wer also nichts als Essen, Trinken, An- und Zurückkommen will, der kann sich eines Fuhrwerks bedienen, wer aber Kenntnisse hat, diese noch vermehren und auf dem Weg sich angenehm unterhalten will, der wandere zu Fuß. Der Weg geht fast immer durch Thäler, die an einer Seite Schatten haben, in eine angenehme Gegend und schöne Aussicht, wo man durch verweilen den Ort ganz genießt. Ein Reisender sieht da verschiedene Steine, Felsen, Sand; er kann sie nach Gefallen untersuchen, die Natur der Gegend zu kennen. Da sieht er eine Pflanze, hier ein Insekt, das seine Neugierde rege macht. Hier kann er in Gesellschaft dieser Bergbewohner einen Theil des Wegs zurück legen, von welchen ein jeder der Vergnügen an Menschenkenntnis hat, vieles lernen kann. [...] Ich ging sogleich nach meiner Ankunft in die Kirche, noch in meinen Beobachtungen über die Landwirtschaft und Naturkunde vertieft. Das vorzüglichste, so mir da auffiel, waren die verschiedenen Nationen und mancherlei Menschen, welche hier bei dem Altar hingekniet, ihre Herzensangelegenheit vortrugen. Einige waren wie Stäbe ohne Gefühl hingelegt, und begafften das so alles mit, was hier vorging. Andere knieten da mit funkelnden Augen, hinter die Ohren gestrichenen Haaren, und erhitzten Gesichtern, ohne ihr Aug vom Altar zu verwenden; andere ganz kaltsinnig und andächtig – stumm strichen ihren Rosenkranz fleißig. Einige sangen so recht aus Herzensgrund, einige in tiefe Traurigkeit versenkt seufzten, viele zerfloßen unter lauten Aechzen in Thränen, ein jeder that so nach seiner Weise, Lage, Gemüthsverfaßung oder Andacht, so gut er konnte. Der Anblick aller dieser Menschen, welche im größten Eifer und mit wahrer innerlichen Überzeugung vor dem Altar hingestreckt Hilfe suchen, ist ausserordentlich rührend. Man wird davon hingerissen und alle übrige Begriffe entfliehen. Nachdem nun diese guten Leute ihr Anliegen hier vorgetragen und ihr Herz ausgeschüttet haben, gehen sie heiterer, getröstet und gestärkt wieder von dannen, und wenige sind darunter, welche hier nicht den Vorsatz, besser zu leben gemacht haben, oder bei welchen dieser Vorsatz nicht neu belebt werden sollte."

Hausinschrift vor der Basilika

In Erinnerung an Ludwig Ploderer

„Das Leben schreibt selbst die schönsten Geschichten, man muss nur hinsehen oder es bewusst erleben", so Ludwig Ploderer, der Verfasser von schönen Büchern rund um das Mariazellerland und über seine Bewohner. Ludwig, der von allen Wigg genannt wurde, zeigte in der einklassigen, achtstufigen Volksschule von Weichselboden noch keine Anzeichen, dass er später einmal schriftstellerische Fähigkeiten haben würde. Seine Schrift war so unleserlich, dass er sogar sehr viel schreiben musste, um in Übung zu kommen. Bei der Fliegerabwehr in Frankfurt eingerückt, begann er ein Tagebuch zu schreiben, welches ihn sogar vor einer Kriegsverletzung verschonte, da bei einem Schusswechsel ein Granatsplitter im Tagebuch stecken blieb. Nach dem Krieg begann Wigg damit, Liedtexte und Stanzln zu sammeln. Als Betriebsrat in der Arbeit unterstützte er seine Kollegen bei Ansuchen, Berichten und bei der Feuerwehr Weichselboden verfasste er mit Freude Reden, bei der Weichselbodener Volksbühne war er als Schriftführer tätig. In seinem wohlverdienten Ruhestand begann er über seine Heimat Nachforschungen zu betreiben und diese wichtigen Erinnerungen und Erzählungen aufzuschreiben. Mit zunehmendem Material und aufgrund starker Nachfrage sah er sich ermutigt, seine Sammlungen in Buchform herauszubringen. Dafür gebührt Ludwig Ploderer ein großer Dank. Einige seiner Texte sind in diesem Werk enthalten und stellen einen wertvollen Beitrag dazu dar. Ludwig Ploder wurde am 28. Juli 1923 in Rotmoos bei Mariazell geboren und verstarb am 15. Dezember 2011.

Bei der Fliegerabwehr in Frankfurt eingerückt, begann er ein Tagebuch zu schreiben, welches ihn sogar vor einer Kriegsverletzung verschonte, da bei einem Schusswechsel ein Granatsplitter im Tagebuch stecken blieb.

Quellennachweis und Bildurheberaufstellung:

Franz Brauner, Mein Steirerland, mein Heimatland! Gaudruckerei Graz, 1941

Franz Brauner, Was die Heimat erzählt, Heft 9, das Ennstal von Selzthal bis Altenmarkt, das Paltental, das Salzatal und das Gebiet Mariazell, Leykam Verlag, Graz, 1952

Franz Brauner, Steirisches Brauchtum im Jahrlauf, Leykam Pädagogischer Verlag, Graz/Wien, 1955

Johann Krainz, Mythen und Sagen aus dem steirischen Hochlande, Druck und Verlag von Karl Jilg. Bruck an der Mur, 1880

Illustrierter Führer der Mariazeller Bahn, Druck und Verlag der Carl Ueberreuterschen Buchdruckerei und Schriftgießerei M. Salzer, Wien, 1909

Mariazell, Geschichte und Beschreibung des Gnadenortes, der Basilika und der Schatzkammer von P. Gerhard Rodler, Schatzmeister, Mariazell, 1935

Geschichte der Gemeinde Gußwerk, Matthias Pichler, Gußwerk - Wien, Druck Ferdinand Berger & Söhne, 3580 Horn, 1991

Österreichs Sagenborn. Für die Jugend und das Volk, ausgewählt und neu erzählt von Friedrich Kuthmayer, Verlag: Reutlingen, Enklin & Laiblins Verlagsbuchhandlung, 1913

Hans von der Sann, Sagen aus der grünen Mark, Leykam Verlag Graz, 1952

Peter Rosegger, Alpensommer, Staackmann Verlag, Leipzig, 1928

Die Steiermark von Otto Reicher, Verlagshaus Bong & Co./Berlin, 1939

Steiermark, Hand- und Reisebuch, Verlag von Ulr. Mosers Buchhandlung, Graz 1926

Mariazellerland, Johann Hölblinger, Verlag Gerhard Höller, Ternitz-Pottschach, 2000

St. Sebastian im Mariazeller Land, Tradition und Geschichte der nördlichst gelegenen steirischen Gemeinde, Franz Jäger, Gemeinde St. Sebastian, 2008

Ludwig Ploderer, Wilderer Geschichten aus dem Salzatal, Eigenverlag, Weichselboden, 2007

Ludwig Ploderer, Sagen und Legenden aus Mariazell und Umgebung, Eigenverlag, Weichselboden, 2004

Süd Steiermark, ein Gedenkbuch. Verlag Ulr. Mosers Buchhandlung, Franz Hausmann, Graz 1925

Steiermark, Serie MERIAN, Heft 1 XIII, Hoffmann und Campe Verlag, Hamburg, 1960

Allgemeine Theaterzeitung und Originalblatt für Kunst, Literatur, Musik, Mode und geselliges Leben, Adolf Bäuerle, Wien26. August 1935

Erzherzog Johann und die Steiermark, Ferdinand Tremel im Selbstverlag des Historischen Vereines für Steiermark, 1959

Horst Felsinger, Walter Schober, Die Mariazellerbahn, Verlag Pospischil, Wien, 2002

Andreas Schweighofer (Hg.), „Ranti Putanti, s' Leben is hanti", G&L Werbe und Verlags GmbH, Scheibbs, 2004

Martha Wölger und Hans Hauke, Va meine Leut. Neue Gschichtn ausn Freingrobn, Graz / Wien / Köln, Styria Verlag, 1984

Weitere Informationsquellen für Recherchen:

Mariazell und Mariazellerland Infos über den Mariazell.blog Impressum: Hans Dieter Prentner und Fred Lindmoser, 8630 Mariazell

Webseite sagen.at; Verantwortlich, Medieninhaber und Projektleiter Mag. Wolfgang Morscher, 6020 Innsbruck

Webseite: http://anno.onb.ac.at/ Anno, historsiche österreichische Zeitungen und Zeitschriften.

Webseite: https://austria-forum.org, Kategorie: Kunst und Kultur, Bücher und Kultur, Sagen

Webseiten: www.papstbesuch.at und www.basilika-mariazell.at sowie www.mariazell.at

Webseite: www.austria.info.at - Kategorie Sehenswürdigkeiten, Basilika Mariazell

Bildernachweis:

Heimathaus Mariazell: Seite 8, 76

Fred Lindmoser, www.mariazellerland-blog.at: Seite 49, 73, 75

Irene Pfleger, Feldstraße 40, 8670 Krieglach, www.irene-pfleger.at, Grafiken: Seite 46, 50, 63, 70, 79, 88, 106, 109, 125, 127

Patrick Weißenbacher: Seite 19, 42

Weitere Fotos und historische Ansichtskarten: Franz Preitler

Weitere Bücher von Franz Preitler

ISBN 978-3-7011-8096-7

Rosegger für Eilige

Peter Rosegger – sein Leben und Werk verständlich und im Überblick nähergebracht; mit zahlreichem, bislang unveröffentlichtem Originalmaterial.

Peter Rosegger – mit einem Lebenswerk von 43 Bänden und mit über 15 Millionen verkauften Büchern gilt er neben Jules Verne als einer der meistgelesenen Autoren seiner Zeit.

Peter Rosegger – ein Autor, den jeder kennt, dessen Vielschichtigkeit in diesem Buch (Erzählungen, Gedichten, Essays, kritische Abhandlungen und Briefe) jedoch überrascht und ihn das Mäntelchen des „Heimatdichters" abwerfen lässt.

ISBN 978-3-7011-7958-9

Die schwarze Baronin

„Die schwarze Baronin" ist ein auf Tatsachen basierender Roman über die Hochstaplerin Tamara von Lützow, die ihre wahre Herkunft verleugnete und sich stattdessen als illegitimes Kind eines russischen Großfürsten ausgab. Auch der 1. Bezirkshauptmann von Mürzzuschlag erlag ihren Reizen, was für ihn aber fatale Folgen hatte …

Eine spannende Geschichte über Liebe, Betrug und die doppelbödige Moral im frühen 20. Jahrhundert.

leykam: